AF453093

Lectures et Leçons
d'Instruction Civique

à l'usage des Ecoles primaires

Cours moyen et supérieur

PAR

J. BEHR   &   **A. LENOBLE**

Inspecteur de l'Enseignement primaire,   Directeur d'école publique,
Officier de l'Instruction publique.   Officier d'académie.

Ces lectures sont destinées aux élèves des cours moyen et supérieur des écoles primaires ; leur ensemble forme un véritable cours répondant aux exigences des programmes officiels.

Elles sont réparties en 7 chapitres dont l'énumération montre bien l'enchaînement méthodique :

1° Notions préliminaires sur le but et l'importance de l'éducation civique, les bienfaits de la Société, la nation française, les origines de notre droit public.

2° Etude des différents articles de la Déclaration des droits de l'homme et du citoyen.

3° Les devoirs des citoyens entre eux et envers l'Etat.

4° Le régime politique de la France.

5° Les différents pouvoirs de l'Etat.

6° L'organisation des services publics.

7° L'administration départementale, arrondissements, cantons, communes.

Les auteurs se sont appliqués à ne rien dire de trop et à ne rien omettre des notions essentielles qu'un citoyen doit connaître pour remplir ses devoirs civiques, assurer le respect de ses droits et contribuer à la prospérité de nos institutions républicaines.

PARIS

LIBRAIRIE DE LA « NOUVELLE ÉDITION »

58, RUE SAINT-ANDRÉ-DES-ARTS, 58

ÉDUCATION CIVIQUE ET SOCIALE

COURS MOYEN ET SUPÉRIEUR

CHAPITRE PREMIER

NOTIONS PRÉLIMINAIRES

1re LEÇON

But et importance de l'éducation civique et sociale.

1. L'éducation civique et sociale a pour but de nous faire connaître les *droits* et les *devoirs* des citoyens entre eux et envers l'État, l'organisation *gouvernementale* de la France et son organisation *administrative*.

2. L'éducation morale forme des hommes et des femmes à l'âme fortement trempée, l'éducation civique forme des citoyens. L'enfant doit connaître son pays, la Constitution qui le régit, les droits qu'il sera appelé à exercer et les devoirs qu'il aura à remplir.

3. L'enseignement civique ne comprend pas seulement l'exposé de la Constitution, de l'organisation civile, administrative de notre société démocratique et laïque, il comprend également l'étude de toutes les conquêtes de la Révolution, c'est-à-dire la souveraineté nationale s'exprimant par le suffrage universel, l'égalité de tous les citoyens devant la loi, le respect de la liberté individuelle, l'égale participation aux charges sociales, l'égale accession aux emplois publics, le vote libre de l'impôt, et par-dessus tout la liberté de conscience.

4. Dans une démocratie, la nécessité d'un pareil enseignement est indiscutable. Que deviendrait le pays si le peuple souverain n'avait nulle connaissance de ses droits, nul souci de ses devoirs ?

Pour rester maîtresse de ses destinées, une nation doit être composées de citoyens éclairés et d'une haute moralité.

QUESTIONNAIRE. — 1. Quel est le but de l'enseignement civique et social ? — 2. Quel est le gouvernement de la France ? — 3. Que se propose l'éducation morale ?... l'éducation civique ? — 4. Que comprend l'éducation civique ? Qu'entendez-vous par les conquêtes de la Révolution ? — 5. L'enseignement civique est-il nécessaire dans une démocratie ?

RÉSUMÉ. — *L'éducation civique a pour but de former de bons citoyens. Dans une République, cet enseignement est d'une importance capitale, puisque la nation est seule souveraine, maîtresse d'elle-même et de ses destinées.*

2ᵉ LEÇON

La société, ce qu'elle était autrefois, ce qu'elle est aujourd'hui ; ses bienfaits.

1. Les premiers hommes vivaient isolés ; point de lois, le plus fort commandait seul en maître. Chacun vivait au jour le jour, de la chasse ou de la pêche. Chacun exerçait à la fois toutes les professions ; le même individu construisait sa hutte, confectionnait ses vêtements, ses chaussures, etc. ; point de métiers distincts, partant rien de bien fait. Chacun s'occupait exclusivement de soi ; ceux qui étaient malades ou trop vieux pour chercher leur vie mouraient de misère ou de faim ; aucune prévoyance, aucune charité.

2. Pour rendre leur vie moins pénible et moins incertaine, les hommes se groupèrent en familles, en tribus ; puis, plus tard, en nations ou patries.

3. Aujourd'hui, dans nos sociétés civilisées, nous avons une organisation régulière, la justice remplace la force. La fraternité corrige les infortunes. C'est en s'associant que les hommes sont sortis de leur misère.

4. Nous sommes redevables à la société de nombreux avantages matériels, intellectuels et moraux.

5. La société protège la vie et les biens des citoyens. Le travail étant réparti entre les individus, chacun devient plus habile danssa profession et c'est profit pour tous.

6. C'est à la société que nous devons les moyens nombreux dont nous disposons pour développer notre intelligence et nous instruire.

7. Enfin la société contribue à notre perfectionnement moral en nous faisant comprendre la nécessité des devoirs de fraternité et de solidarité.

QUESTIONNAIRE. — 1. Comment les hommes vivaient-ils autrefois ? Quel était le maître ? Comment se nourrissaient-ils ? Y avait-il des métiers distincts ? Les hommes étaient-ils prévoyants, charitables ? — 2. Que firent-ils pour être plus heureux ? — 3. Comment sont-ils sortis de leur misère ? — 4. Quels sont les avantages matériels que nous procure la société ?... les avantages intellectuels ?... les avantages moraux ?

RÉSUMÉ. — *Autrefois les hommes vivaient isolés ; ils étaient faibles et misérables. Plus tard, pour parer aux dangers de l'isolement, ils se groupèrent, ils formèrent des familles, puis des tribus et enfin des nations ou patries. Par l'association, ils sont sortis de leur misère. Aujourd'hui, ils sont redevables à la société de nombreux avantages matériels, intellectuels et moraux.*

3ᵉ LEÇON

La nation; comment elle fut constituée.

LA NATION FRANÇAISE

1. Dans un but de protection mutuelle, les *familles* se groupèrent et formèrent des *tribus*. Plus tard, celles-ci s'associèrent pour vivre sous les mêmes lois, sous le même gouvernement et constituèrent une *nation*.

2. C'est ainsi que les nations se formèrent de tribus que rapprochaient les mêmes intérêts, les mêmes espérances, probablement les mêmes souvenirs et qui, volontairement, s'imposèrent les mêmes devoirs.

3. La nation française, à laquelle nous appartenons, occupe depuis plus de deux mille ans un territoire riche et admirablement situé. Les étrangers lui reprochent parfois son manque de sang-froid, son inconstance, sa légèreté, mais ils reconnaissent qu'elle est intelligente, laborieuse et qu'elle a un profond sentiment de la justice.

Aucune nation dans le monde n'a donné des preuves d'une générosité aussi grande.

C'est elle qui, la première, **a** proclamé l'égalité des hommes, leur droit à la liberté et à la justice (déclaration des droits de l'homme, 1789). Nous pouvons en être fiers.

4. Les hommes sont d'abord naturellement attachés à leur lieu natal et aux personnes qui les entourent, mais cet attachement s'étend bien vite du coin de terre où ils sont nés, la petite patrie, à la France tout entière notre grande patrie.

Le sentiment d'affection que nous éprouvons pour notre pays s'appelle le *patriotisme*.

QUESTIONNAIRE. — 1. Pourquoi les familles et les tribus se sont-elles groupées ? — 2. Que faut-il pour qu'une nation se forme ? Que savez-vous de la nation française ?... de la situation de son territoire ?... du caractère de ses habitants ?... de leurs défauts ? Qu'a fait la France en 1789 ? — 4. Que faut-il entendre par le patriotisme ?

RÉSUMÉ. — *La nation ou patrie a été constituée par le groupement des familles ou des tribus. Elle eut un gouvernement et des lois.*

La nation française est une des nations les plus favorisées. Son territoire est riche et bien situé. Ses habitants sont intelligents, braves et généreux. La France s'est faite le champion de la justice et du droit. Par la Révolution de 1789, les Français ont conquis la liberté et la dignité de citoyens.

4ᵉ LEÇON

Origine de notre droit public.

1. Avant 1789, le peuple n'avait pas de rôle politique ; il n'était jamais consulté sur les affaires publiques. Il n'y avait pour lui, ni liberté individuelle, ni liberté du travail, ni liberté de penser et d'écrire, ni liberté de conscience.

2. La plus grande *inégalité* existait entre les Français.

La nation était divisée en trois ordres : les *nobles* et le *clergé* qui jouissaient de tous les privilèges et possédaient des revenus considérables, et le *tiers-état*, qui supportait la charge presque entière des impôts, et dont la condition sociale était misérable.

3. Les finances de l'État étaient dans un état si lamentable, que Louis XVI fut forcé de convoquer les États-Généraux pour y remédier. Les députés des trois ordres se réunirent donc. Ceux du Tiers-État en profitèrent pour demander des réformes, et malgré la résistance du roi et des privilégiés, *donnèrent une autre Constitution à la France.*

C'est ce qu'on appelle la Révolution de 1789.

4. La Révolution a donné un droit public à notre pays.

Les principales règles de ce droit sont contenues dans la Déclaration des Droits de l'homme et du citoyen votée par l'Assemblée constituante en 1789.

QUESTIONNAIRE. — 1. Quel était le sort du peuple avant 1789 ? — 2. Comment était divisée la nation ? — 3. Quel était l'état de la France au début du règne de

Louis XVI et que fit ce prince ? Que voulaient les députés du tiers-état ? — 4. Qu'a fait la Révolution ? Où sont contenues les principales règles de notre droit public ?

RÉSUMÉ. — *Le droit public est l'ensemble des lois qui règlent l'organisation politique et sociale d'un pays.*

La France n'a un droit public que depuis 1789.

Les principales règles de notre droit public sont contenues dans la Déclaration des Droits de l'homme et du citoyen.

5e LEÇON

REVISION

Les quatre premières leçons.

1. — But et importance de l'éducation civique et sociale.

2. — La société, ce qu'elle était autrefois, ce qu'elle est aujourd'hui ; ses bienfaits.

3. — La nation ; comment elle fut constituée. — La nation française.

4. — Origine de notre droit public.

LECTURE A COMMENTER

BUT ET IMPORTANCE DE L'ÉDUCATION CIVIQUE

L'instruction civique, déjà réclamée avec énergie par les assemblées de la Révolution, mais systématiquement négligée par les gouvernements monarchiques, est un des premiers besoins d'une société républicaine. Elle a été inscrite au premier rang dans les programmes de la nouvelle loi sur l'instruction primaire.

Ce n'est pas assez de dire que l'instruction civique est utile ; la vérité, c'est qu'elle est nécessaire. Elle l'est surtout depuis que la liberté politique, cette conquête de la République de 1848, s'est ajoutée à la liberté civique, cette conquête de la Révolution.

Dans un pays qui se gouverne lui-même, où chaque individu participe librement par ses votes à la direction des affaires publiques, comment admettre que la majorité des citoyens, ceux qui ne fréquentent que l'école primaire, restent dans l'ignorance de leurs obligations politiques et sociales ?

Vous leur demandez de respecter, d'aimer la Constitution et ils ne la connaissent pas. — Vous leur demandez d'exercer des droits, de satisfaire à des devoirs, et ils ignorent le sens, la portée de ces droits et de ces devoirs.

Citoyens qui se parent de ce beau nom sans savoir à quoi il oblige, électeurs qui votent sans connaître l'importance de leur vote, contribuables qui payent l'impôt sans comprendre à quoi sert l'impôt, habitants d'un pays qu'on ne leur a pas appris à aimer... tels sont nécessairement les membres d'un peuple à qui manque l'instruction civique.

Sans doute les journaux remédient en partie à ces ignorances. Mais l'enseignement de la presse n'a rien de régulier, de suivi : il est livré à mille hasards. D'ailleurs, il n'y a pas que de bons journaux; et enfin le journal vient souvent trop tard pour guérir les préjugés politiques qu'on a laissés s'enraciner dans l'âme de l'enfant et du jeune homme.

Un écrivain distingué, Vitet, disait, il y a quelques années : « L'amour de la patrie n'est pas enseigné en France. » Si cette assertion est vraie, il importe qu'elle cesse de l'être et que les petits enfants de France apprennent à aimer non seulement leur pays, mais encore les institutions de leur pays.

« Sans l'éducation civique et politique, écrivait déjà Pestalozzi, le peuple souverain est un enfant qui joue avec le feu et qui risque à chaque instant d'incendier la maison. »

G. Compayré, *Éléments d'instruction morale et civique*, librairie Paul Delaplane.

CHAPITRE II

DÉCLARATION DES DROITS DE L'HOMME ET DU CITOYEN

6ᵉ LEÇON

Historique de la Déclaration des Droits de l'homme et du citoyen.

1. La Déclaration des Droits de l'homme et du citoyen pose les principes d'une société nouvelle. C'est l'œuvre la plus importante de la Révolution.

2. Déjà, au moyen âge, le mouvement d'émancipation communale s'était produit au nom de la liberté et au quatorzième siècle, c'est au nom de l'égalité que les paysans s'étaient soulevés.

3. Au dix-huitième siècle, les écrivains et philosophes, Rousseau, Voltaire, Montesquieu, Diderot, ne cessèrent de lutter pour la liberté, pour la tolérance contre toutes les injustices. Ils proclamaient dans leurs écrits que tout être humain, par le seul fait qu'il est un homme, possède des droits que nul pouvoir ne peut lui enlever.

4. En 1776, les États-Unis avaient publié une déclaration d'indépendance dans laquelle les Droits de l'homme étaient indiqués.

5. L'Assemblée constituante jugea utile d'expliquer aux Français dans une déclaration claire et brève, les droits qu'ils allaient exercer pour la première fois.

6. Deux principaux projets étaient en présence, ceux de Mounier et de Sieyès. « Pour qu'une Constitution soit bonne disait Mounier, il faut qu'elle soit fondée sur les droits de l'homme et qu'elle les protège. Avant de préparer une Constitution, il est nécessaire de fixer les droits que la justice

Sieyès.

naturelle accorde à tous les individus ; il faut rappeler les principes qui doivent former la base de toute société, de façon que chaque article de la Constitution soit, pour ainsi dire, la conséquence d'un principe.

7. La discussion commencée le 27 juillet fut longue et passionnée. Le 27 août 1789, la Déclaration fut adoptée.

Le roi ne l'approuva qu'au bout de deux mois, lorsque l'Assemblée eut décidé « qu'un acte constitutionnel pouvait se passer de la sanction royale ».

La Déclaration fut promulguée le 14 septembre 1791, en tête de la Constitution française.

QUESTIONNAIRE. — 1. De quelle année date la Déclaration des droits de l'homme et du citoyen ? — 2. Quelles sont les origines lointaines de la Déclaration ? — 3. Citez les noms des écrivains qui l'ont préparée. — 4. Qu'avaient publié les États-Unis en 1776 ? — 5. Que décida l'Assemblée constituante ? — 6. Que disait le député Mounier ? — 7. A quelle époque la Déclaration fut-elle adoptée et en quelle année fut-elle promulguée ?

RÉSUMÉ. — *La Déclaration des Droits de l'homme et du citoyen date de 1789. Elle est l'œuvre des écrivains et des philosophes du dix-huitième siècle. Elle affirme, au nom de la raison, les droits naturels de l'homme et du citoyen. Elle est faite non seulement pour la France, mais pour l'humanité tout entière. C'est un honneur pour la France de l'avoir promulguée !*

7ᵉ LEÇON

Déclaration des Droits de l'homme et du citoyen.

LE PRÉAMBULE

Les Représentants du peuple français, constitués en Assemblée nationale,

Considérant que l'ignorance, l'oubli ou le mépris des Droits de l'homme sont les seules causes des malheurs publics et de la corruption des gouvernements, — ont résolu d'exposer, dans une Déclaration solennelle, les Droits naturels, inaliénables et sacrés de l'homme, — afin que cette Déclaration, constamment présente à tous les membres du corps social, leur rappelle sans cesse leurs Droits et leurs Devoirs ; — afin que les actes du Pouvoir législatif et ceux du Pouvoir exécutif, pouvant être à chaque instant comparés avec le but de toute institution politique, en soient plus respectés ; — afin que les réclamations des citoyens, fondées désormais sur des principes simples et incontestables, tournent toujours au maintien de la Constitution et au bonheur de tous.

En conséquence, l'Assemblée nationale reconnaît et déclare, en présence et sous les auspices de l'Être suprême, les Droits suivants de l'homme et du citoyen :

1. On trouve dans ce préambule les raisons pour lesquelles les constituants ont décidé d'exposer dans une Déclaration solennelle les droits naturels, inaliénables et sacrés de l'homme, c'est-à-dire les droits que nous apportons en naissant, que nous ne pouvons pas abandonner, que personne ne saurait nous enlever.

2. En 1789, le peuple était très malheureux, la France mal gouvernée était presque ruinée. « Les malheurs publics », ce sont les tristes événements qui affligent la nation ; « la corruption des gouvernements », c'est la désastreuse gestion du pays par une très mauvaise administration.

3. L'Assemblée constituante attribua cette cruelle situation à « l'ignorance, l'oubli, ou le mépris des Droits de l'homme ». Le peuple, en effet, était très ignorant et il était méprisé par les ordres privilégiés.

4. Pour assurer la durée de ces réformes, la Constituante pensa que cette Déclaration devait être constamment présente à l'esprit de tous les membres du corps social. Elle voulait dire par là qu'elle désirait que cette Déclaration fût étudiée et commentée dans toutes les écoles, pour rappeler à chacun ses droits et ses devoirs.

5. D'ailleurs, dans la suite du préambule, l'Assemblée précise sa pensée d'une façon plus nette. C'est afin, dit-elle, que *les actes du pouvoir législatif et ceux du pouvoir exécutif pouvant être à chaque instant comparés avec le but de toute institution politique, en soient plus respectés.*

Quand les citoyens d'un pays s'intéressent aux affaires publiques, quand ils ont la possibilité de juger les actes des législateurs et des administrateurs, ils peuvent tirer de leurs réflexions un respect raisonné des règlements et des lois.

6. La Déclaration permet au citoyen de faire « des réclamations fondées sur des principes simples et incontestables ». Toute personne peut donc réclamer ce qu'elle croit lui être dû et protester contre une injustice à la condition que ces réclamations découlent de droits incontestables.

7. Ces réclamations « tournent toujours au maintien de la Constitution et au bonheur de tous » parce qu'elles forcent à appliquer la loi et qu'elles obligent ceux qui les ont provoquées à en éviter le renouvellement.

Questionnaire. — 1. Qu'entend-on par droits naturels de l'homme ?... droits inaliénables ?... droits sacrés ?... — 2. Que veulent dire ces mots : « malheurs publics », « corruption des gouvernements » ? — 3. A quoi l'Assemblée constituante attribuait-elle la malheureuse situation du peuple ? — 4. Que voulait la Constituante pour assurer la durée des réformes ? — 5. Pourquoi demandait-elle à chaque citoyen de s'intéresser aux affaires du pays ? — 6. A quelle condition permettait-elle à chaque citoyen de faire des réclamations? — 7. Comment les réclamations peuvent-elles « tourner au maintien de la Constitution et au bonheur de tous » ?

RÉSUMÉ. — *Texte du préambule.*

8ᵉ LEÇON

Déclaration des Droits de l'homme et du citoyen.

ARTICLE PREMIER

Les hommes naissent et demeurent libres et égaux en droits. — Les distinctions sociales ne peuvent être fondées que sur l'utilité commune.

1. *Les hommes naissent et demeurent libres*, c'est-à-dire qu'il n'y a plus *d'esclaves*. Autrefois, sous l'ancien régime, il y avait encore des *serfs*, gens qui ne s'appartenaient pas, qui étaient attachés à la *glèbe*, c'est-à-dire à la terre. Ils ne pouvaient disposer ni de leur personne ni de leurs biens. Le roi était un monarque absolu. Par les lettres de cachets, il pouvait faire emprisonner des innocents. C'était le régime de l'arbitraire.

2. Depuis la Révolution, tout Français, quelles que soient sa situation et son origine, possède la liberté d'employer à son gré les forces de son intelligence, les ressources matérielles dont il dispose. Il est libre dans sa personne, dans son travail, dans sa pensée, dans sa propriété. Il ne doit compte à personne de ses opinions politiques et religieuses.

3. *Les hommes naissent et demeurent égaux en droits.*

L'ancien régime était aussi le régime des inégalités. Il y avait, dans notre pays, trois sociétés distinctes. Le clergé et la noblesse qui formaient les ordres privilégiés, ne payaient que fort peu d'impôts. Tous les honneurs étaient pour les classes privilégiées, toutes les charges pour le tiers-état.

4. Aujourd'hui, grâce à la Révolution, tous les Français sont égaux devant la loi. Les inégalités et les privilèges ont disparu; la loi est la même pour tous les citoyens.

5. S'il y a encore des distinctions sociales, elles sont fondées sur

l'utilité commune, elles n'existent que pour le bien de tous. Ceux qui en jouissent sont les fonctionnaires et les élus du peuple. Le gouvernement a le devoir de rechercher ceux qui, à raison de leurs talents et de leurs vertus, conviennent le mieux à la fonction qu'il leur confie. Les citoyens doivent s'inspirer des mêmes obligations dans le choix des mandataires qu'ils élisent.

QUESTIONNAIRE. — 1. Expliquez ce qu'on entend par « les hommes naissent et demeurent libres et égaux en droits » ? —2. Sous l'ancien régime, les hommes étaient-ils libres ? Étaient-ils égaux ? — 3. Aujourd'hui y-a-t-il encore des privilégiés ? — 4. Sur quoi sont fondées les distinctions sociales ?

RÉSUMÉ. — *Texte de l'article premier.*

9ᵉ LEÇON

Déclaration des Droits de l'homme et du citoyen.

ARTICLE 2

Le but de toute association politique est la conservation des droits naturels et imprescriptibles de l'homme. — Ces droits sont la liberté, la propriété, la sûreté et la résistance à l'oppression.

1. Par association politique, il faut entendre un *gouvernement.* Le but d'un gouvernement est donc, d'après l'article 2, de conserver *les droits naturels et imprescriptibles de l'homme.* Ces droits sont appelés naturels parce que nous les recevons tous avec la vie, parce qu'ils nous viennent de la nature comme l'existence elle-même.

2. Au bout de quelque temps, d'après le Code, certaines dettes ne peuvent plus être réclamées, on dit qu'il y a prescription. Les droits naturels ne se prescrivent jamais. Ils sont dits *imprescriptibles* parce qu'ils sont impérissables, qu'ils subsistent toujours, même s'ils sont confisqués.

3. Le gouvernement doit nous *garantir la liberté*, c'est-à-dire le pouvoir de faire ce qui nous plaît, sans toutefois que nous portions atteinte aux droits des autres: liberté de voyager, de nous établir, de vendre nos produits, etc.

4. Le gouvernement doit nous *garantir la propriété*, c'est-à-dire la possession de nos biens, qu'ils soient le fruit de notre travail, qu'ils proviennent de dons ou d'héritage.

Autrefois, il n'y avait pour le propriétaire aucune sécurité. On pouvait arbitrairement le déposséder de tous ses biens.

5. Le gouvernement doit nous *garantir la sûreté*, c'est-à-dire nous donner cette tranquillité d'esprit qui résulte de la certitude que l'on ne craint rien pour sa personne et pour ses biens. La sûreté est la source de l'initiative et du progrès.

6. Le gouvernement doit nous *garantir la résistance à l'oppression*, c'est-à-dire le droit de résister à la *tyrannie*, le droit de nous défendre si l'on cherchait à nous dépouiller de nos droits d'homme et de citoyen.

7. Le gouvernement doit *conformer ses actes* aux principes de la Déclaration. S'il violait les droits du peuple la révolte ne serait pas seulement permise, elle deviendrait un devoir impérieux.

QUESTIONNAIRE. — 1. Qu'entend-on par association politique? Que doit garantir l'association politique ? — 2. Que faut-il entendre par droits imprescriptibles? Énumérez les droits naturels et imprescriptibles. — 3. Comment le gouvernement peut-il nous garantir la liberté ?... — la propriété ?... — la sûreté ?... — la résistance à l'oppression ?... — 4. Dans quel cas seulement l'insurrection est-elle un devoir?

RÉSUMÉ. — *Texte de l'article 2.*

10e LEÇON

Déclaration des Droits de l'homme et du citoyen.

ARTICLE 3

Le principe de toute souveraineté réside essentiellement dans la nation. Nul corps, nul individu ne peut exercer d'autorité qui n'en émane expressément.

1. L'article 3 résume tous les droits des citoyens. En affirmant la souveraineté nationale, il répudie complètement la doctrine du droit divin, droit sur lequel était fondée la monarchie absolue.

2. Au dix-septième siècle, Bossuet, évêque de Meaux, voulant prouver que la monarchie était d'institution divine écrivait: « Dieu est le vrai roi, le maître suprême des hommes, mais il établit les rois comme ses ministres et règne par eux sur les peuples. Il délègue sa puissance à une famille, la famille royale. Il faut donc obéir au roi. Celui qui ne veut pas obéir au roi est condamné irrémissiblement à mort comme l'ennemi du repos public et de la société humaine. »

Louis XIV écrivait : « La nation réside tout entière dans le roi. »
Le gouverneur de Louis XV, montrant la foule assemblée sous les
fenêtres du palais, disait au roi : « Sire, tout ce peuple est à vous! »
Louis XVI répondait à son cousin Philippe d'Orléans : « C'est *légal*
parce que *je le veux!* » Le *bon plaisir* du roi était la *loi* de tous.
Il n'y avait en France que des *sujets*.

3. Aujourd'hui, « le principe de toute souveraineté réside dans la
nation ». Le peuple est *libre, il se gouverne lui-même*. La nation
n'est plus composée de sujets, mais de *citoyens libres et égaux*. Le
seul souverain, c'est la nation, c'est-à-dire l'universalité des citoyens.
La souveraineté nationale s'exprime par le suffrage universel. Elle
s'exerce par le vote des représentants du peuple.

4. Tous les citoyens composant la nation ne peuvent pas directement rédiger les lois et les faire appliquer. Ils le font par l'intermédiaire de représentants, de mandataires auxquels ils font connaître leur volonté. Mais *nul corps, nul individu ne peut exercer
d'autorité qui ne vienne du peuple.* Aucun pouvoir ne peut exister
s'il n'a été institué par les élus de la nation.

QUESTIONNAIRE. — 1. Sur quelle doctrine était fondée la monarchie absolue ? -
2. Qu'écrivait Bossuet au dix-septième siècle ? Qu'écrivait Louis XIV ? Que disait
le gouverneur de Louis XV ? Que répondait Louis XVI à son cousin ? — 3. Aujour-
d'hui, quel est le seul souverain ? Comment s'exprime la souveraineté nationale ?
Comment s'exerce-t-elle ? — 4. Comment chaque citoyen peut-il exercer sa part de
souveraineté ?

RÉSUMÉ. — *Texte de l'article* 3.

11ᵉ LEÇON

Déclaration des Droits de l'homme et du citoyen.

ARTICLE 4

**La liberté consiste à pouvoir faire tout ce qui ne nuit pas à autrui.
Ainsi l'exercice des droits naturels de chaque homme n'a de bornes
que celles qui assurent aux autres membres de la société la jouissance
de ces mêmes droits. Ces bornes ne peuvent être déterminées que par
la loi.**

1. La Déclaration a soin de préciser le sens qu'elle donne au mot
« liberté ». Ce n'est pas le droit de faire tout ce que nous voulons,
mais seulement la liberté de « faire tout ce qui ne nuit pas à autrui ».

Autrement la liberté serait le droit du plus fort et nous retomberions dans la barbarie.

Je suis libre d'agir à ma guise, mais à la condition de ne gêner personne, de ne faire de tort à qui que ce soit, de ne causer aucun dommage à mes concitoyens. Si quelqu'un souffre de l'exercice de mes droits, c'est que je dépasse la limite de ma liberté.

2. Les citoyens étant tous égaux devant la loi, mes concitoyens ont les mêmes droits que moi et je dois les respecter. Ainsi je puis circuler, comme il me plaît, la nuit dans ma demeure, pourvu que je ne trouble pas la tranquillité et le repos de mes voisins. Je puis me promener sur les routes publiques, à pied, à bicyclette, en voiture, en automobile, mais je n'ai pas le droit d'y placer des obstacles qui empêchent les autres de passer.

3. Les droits de chacun ne sont pas toujours aussi nettement délimités. Dans un très grand nombre de cas, il se produit des divergences d'appréciation qui sont cause souvent de procès. Seule la loi peut donner la solution des conflits. Voilà pourquoi la Déclaration dit sagement : « Les bornes de la liberté ne peuvent être déterminées que par la loi. »

QUESTIONNAIRE. — 1. Quel sens la Déclaration donne-t-elle au mot « liberté » ? A quelle condition pouvez-vous agir à votre guise ? — 2. A quel moment s'arrête votre liberté ? Citez des cas où, en faisant ce qui vous plaît, vous nuiriez à d'autres ? — 3. Les droits de chacun sont-ils toujours bien faciles à délimiter ? D'après la Déclaration, qui déterminera les bornes de la liberté ?

RÉSUMÉ. — *Texte de l'article 4.*

<h2 align="center">12e LEÇON</h2>

Déclaration des Droits de l'homme et du citoyen.

ARTICLE 5

La loi n'a le droit de défendre que les actions nuisibles à la société. Tout ce qui n'est pas défendu par la loi ne peut être empêché, et nul ne peut être contraint à faire ce qu'elle n'ordonne pas.

1. *La loi n'a le droit de défendre que les actions nuisibles à la société.* Elle n'a donc pas une puissance illimitée. Si mes actions ne portent préjudice qu'à moi-même, la loi n'intervient pas. Ainsi je puis me livrer en secret à l'alcoolisme, m'adonner à des plaisirs

grossiers qui ruinent ma santé, je ne tombe pas sous le coup de la loi. La loi n'a en vue que l'intérêt général. C'est sur lui qu'elle veille, c'est lui qu'elle défend en toutes circonstances. Il n'en est pas de même de la loi morale. Notre conscience réprouve tous les actes contraires à notre honneur et à notre dignité.

2. *Tout ce qui n'est pas défendu par la loi ne peut être empêché.* Il y a cependant des actions que la loi ne défend pas et qui n'ont pas l'approbation des honnêtes gens. Un propriétaire loue ses terres à un cultivateur moyennant une somme convenable payable à une époque déterminée. Par suite de mauvaises récoltes, le locataire est dans l'impossibilité de solder sa dette à la date fixée. Le propriétaire fait saisir les bestiaux de son débiteur, c'est son droit. Cependant l'opinion publique ne l'approuve pas.

Il arrive parfois que la répression d'actes nuisibles à la société est impossible parce que la loi ne les a pas prévus. C'est aux législateurs qu'il appartient de rendre cette répression possible en modifiant la loi.

3. *Nul ne peut être contraint à faire ce qu'elle n'ordonne pas.* Ainsi la loi civile ne peut pas nous contraindre à être généreux, dévoués, désintéressés. Qu'un incendie éclate, qu'une inondation ravage le pays, la loi civile ne nous ordonne pas de porter secours à nos semblables. Nous savons que nous commettons une lâcheté en restant indifférents aux maux d'autrui, mais nul ne peut nous contraindre à nous montrer courageux et compatissants.

QUESTIONNAIRE. — 1. Que défend la loi ? Citez des cas où la loi n'intervient pas ? Sur quoi est fondée la loi ? Imiteriez-vous le propriétaire qui fait saisir son locataire ? N'y a-t-il pas quelquefois certaines lacunes dans les lois ? — 3. Quelle différence y a-t-il entre la loi civile et la loi morale ?

RÉSUMÉ. — *Texte de l'article 5.*

13ᵉ LEÇON

Déclaration des Droits de l'homme et du citoyen.

ARTICLE 6

La loi est l'expression de la volonté générale ; tous les citoyens ont droit de concourir, personnellement ou par leurs représentants, à sa formation ; elle doit être la même pour tous, soit qu'elle protège, soit qu'elle punisse.

Tous les citoyens étant égaux à ses yeux, sont également admissibles à toutes dignités, places et emplois publics, selon leur capacité et sans autre distinction que celle de leurs vertus et de leurs talents.

1. L'article 6 proclame que la loi est faite par tous et qu'elle s'applique à tous. Dans un grand pays comme le nôtre, il est impossible que tous les citoyens se réunissent en un même lieu pour discuter et voter les lois. On n'y peut pas non plus consulter individuellement des millions de citoyens sur un projet de loi. C'est pourquoi nous élisons des représentants, députés, sénateurs, qui agissent en notre nom. Comme il est très rare que les lois soient votées par nos élus à *l'unanimité des suffrages*, elles sont l'expression de la *volonté générale*, c'est-à-dire de la majorité. La minorité a le devoir de se soumettre à ces lois dès qu'elles sont promulguées.

2. *La loi doit être la même pour tous*, c'est-à-dire qu'elle doit protéger également tous les citoyens et ne point faire de distinction entre eux dans l'application des peines qu'elle prévoit.

Autrefois les lois étaient faites par le roi, elles ne représentaient que la volonté du maître; un même délit n'était pas puni de la même peine suivant qu'il était commis par un noble ou un roturier.

Aujourd'hui, la loi est faite par tous et elle est la même pour tous. Tous les citoyens doivent s'incliner devant elle.

3. *Tous les citoyens étant égaux devant la loi sont également admissibles à toutes les dignités, places et emplois publics selon leurs capacités et sans autre distinction que celle de leurs vertus et de leurs talents.*

Sous l'ancien régime, les dignités, places et emplois publics étaient réservés aux privilégiés qui les obtenaient par droit de naissance ou à prix d'argent.

Aujourd'hui, les fonctions publiques appartiennent à ceux qui s'en rendent dignes par leurs capacités, leurs vertus et leurs talents. C'est le régime de l'égalité et du mérite. C'est pourquoi nous voyons des citoyens d'origine très humble s'élever aux plus hautes fonctions de l'État.

QUESTIONNAIRE. — 1. Que proclame l'article 6 ? Est-il possible de réunir tous les citoyens sur un même point pour discuter et voter les lois ? Quel système a-t-on adopté ? Comment la loi est-elle l'expression de la volonté générale ? — 2. Comment la loi peut-elle être la même pour tous ? — 3. A qui étaient réservées les fonctions publiques, sous l'ancien régime ? A qui appartiennent-elles aujourd'hui ?

RÉSUMÉ. — *Texte de l'article 6.*

14ᵉ LEÇON

REVISION

6ᵉ, 7ᵉ, 8ᵉ, 9ᵉ, 10ᵉ, 11ᵉ, 12ᵉ et 13ᵉ leçons.

Historique, Préambule et Articles 1ᵉʳ, 2ᵉ, 3ᵉ, 4ᵉ, 5ᵉ, 6ᵉ de la Déclaration des Droits de l'homme et du citoyen.

LECTURE A COMMENTER

L'OPPRESSION

M'étant à dessein détourné pour voir de près un lieu qui me parut admirable, je m'y plus si fort et j'y fis tant de tours que je me perdis tout à fait.

Après plusieurs heures de course inutile, las et mourant de soif et de faim, j'entrai chez un paysan dont la maison n'était pas de belle apparence; mais c'était la seule que je visse aux environs. Je croyais que c'était comme à Genève ou en Suisse où tous les habitants à leur aise sont en état d'exercer l'hospitalité. Je priai celui-ci de me donner à dîner en payant. Il m'offrit du lait écrémé et du gros pain d'orge en me disant que c'était tout ce qu'il avait. Je buvais ce lait avec délices et je mangeais ce pain, paille et tout; mais cela n'était pas fort restaurant pour un homme épuisé de fatigue. Ce paysan, qui m'examinait, jugea de la vérité de mon histoire sur celle de mon appétit.

Tout de suite, après avoir dit qu'il voyait bien que j'étais un bon jeune homme qui n'était pas là pour le vendre, il ouvrit une petite trappe à côté de sa cuisine, descendit, et revint un moment après avec un bon pain bis de pur froment, un jambon très appétissant, quoique entamé, et une bouteille de vin, dont l'aspect me réjouit le cœur plus que tout le reste; on joignit à cela une omelette assez épaisse, et je fis un dîner tel qu'aucun autre piéton n'en connut jamais.

J.-J. Rousseau.

Quand ce vint à payer, voilà son inquiétude et ses craintes qui le reprennent; il ne voulait pas de mon argent, il le repoussait avec un trouble extraordinaire; et ce qu'il y avait de plaisant était que je ne pouvais imaginer de quoi il avait peur. Enfin, il prononça en frémissant ces mots terribles de commis et de rats de cave. Il me fit entendre qu'il cachait son vin à cause des aides, qu'il cachait son pain à cause de la taille, et qu'il serait un homme perdu si l'on pouvait se douter qu'il ne mourût pas de faim. Tout ce qu'il me dit à ce sujet et dont je n'avais pas la moindre idée, me fit une impression qui ne s'effacera jamais. Ce fut le germe de cette haine inextinguible qui se développera depuis dans mon cœur contre les vexations qu'éprouve le malheureux peuple et contre ses oppresseurs.

J.-J ROUSSEAU.

15e LEÇON

Déclaration des Droits de l'homme et du citoyen.

ARTICLE 7

Nul homme ne peut être accusé, arrêté, ni détenu que dans les cas déterminés par la loi, et selon les formes qu'elle a prescrites. Ceux qui sollicitent, expédient, exécutent ou font exécuter des ordres arbitraires, doivent être punis ; mais tout citoyen appelé ou saisi en vertu de la loi, doit obéir à l'instant : il se rend coupable par la résistance.

1. Ainsi un homme ne craint pas aujourd'hui d'être accusé sans qu'il y ait contre lui au moins une présomption de preuve, d'être arrêté sans motif sérieux et grave, d'être emprisonné sans qu'un jugement rendu dans les formes prescrites par la loi l'ait déclaré coupable et condamné.

2. Les *formes* ou *formalités* prescrites par la loi sont les garanties de notre liberté. Si elles sont quelquefois longues et compliquées, c'est que le législateur a voulu donner à l'accusé le temps et les moyens de se défendre, de prouver son innocence s'il n'est pas coupable.

3. Autrefois, la liberté individuelle n'était garantie pour personne. Il suffisait souvent d'être suspect ou simplement soupçonné, pour être jeté en prison sans jugement. Au moyen de lettres de cachet, on pouvait faire emprisonner à la Bastille qui on voulait, un ennemi ou un créancier gênant. Sous Louis XV, plus de 150.000 lettres de cachet furent distribuées ; elles donnèrent lieu à un trafic odieux.

4. Aujourd'hui, l'honnête homme n'a rien à craindre des magistrats ou des représentants de l'autorité publique. Sauf le cas de *flagrant délit*, un citoyen ne peut être arrêté que sur l'ordre d'un procureur ou d'un juge d'instruction.

5. Un citoyen qui sollicite, un magistrat qui expédie, un agent qui exécute un *ordre arbitraire* (c'est-à-dire non autorisé par la loi) s'exposent à être punis.

Tout citoyen a le droit de ne pas obéir à un ordre arbitraire; mais en revanche, fût-il innocent, s'il est arrêté ou cité en justice *selon les formes prescrites,* il commettrait une faute *punie par la loi* s'il n'obéissait pas.

QUESTIONNAIRE. — Que faut-il pour qu'un homme soit accusé, arrêté ou détenu ? — 2. Les formes prescrites par la loi sont-elles nécessaires ? Pourquoi ? — 3. Autrefois, la liberté individuelle était-elle garantie ? — 4. Aujourd'hui, dans quels cas seulement peut-on arrêter un citoyen ? — 5. A quoi s'exposent ceux qui sollicitent, expédient ou exécutent des ordres arbitraires ? Doit-on obéir à un ordre arbitraire ? Peut-on ne pas obéir si les formes prescrites ont été observées ?

RÉSUMÉ. — *Texte de l'article 7.*

16ᵉ LEÇON

Déclaration des Droits de l'homme et du citoyen.

ARTICLE 8

La loi ne doit établir que des peines strictement et évidemment nécessaires, et nul ne peut être puni qu'en vertu d'une loi établie et promulguée antérieurement au délit et légalement appliquée.

1. Autrefois, la législation autorisait des pratiques cruelles, barbares dans l'application de certaines peines. On brûlait les hérétiques, on livrait les régicides au supplice de la roue, on soumettait à la torture les prévenus, les personnes simplement soupçonnées d'être coupables.

Aujourd'hui, ces cruautés ont disparu, notre Code a été adouci, modifié, pour répondre autant que possible au principe posé par l'article 8 de la Déclaration.

2. Les dommages-intérêts accordés aux personnes lésées constituent une

Supplice de la roue.

réparation des pertes causées ; les emprisonnements prononcés par les tribunaux mettent les individus dangereux dans l'impossibilité de nuire à la société. Ce sont des peines nécessaires.

Par peines « strictement et évidemment nécessaires », il faut entendre des peines proportionnées au mal commis et appropriées aux délits; des peines qui auraient pour effet de moraliser les individus et de les rendre meilleurs. C'est vers cet idéal que notre législation doit tendre. Elle a encore besoin d'être amendée.

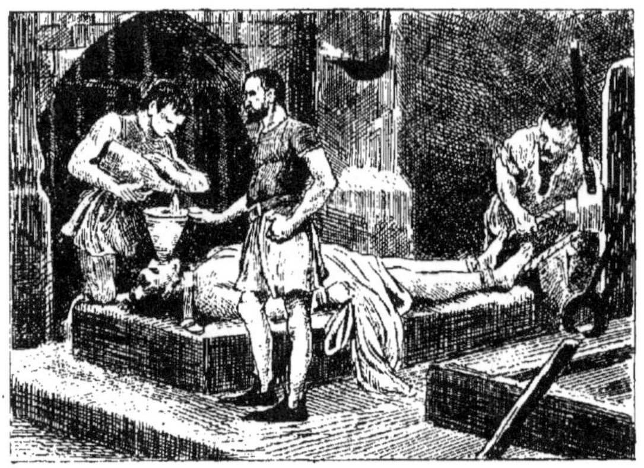

Chambre de Justice.

3. On ne peut pas arrêter ou juger un citoyen en se basant sur un simple projet de loi ou sur une loi votée qui n'a pas encore été promulguée.

4. Devenue exécutoire, la loi n'a pas d'*effet rétroactif*, c'est-à-dire qu'elle n'atteint pas les délits commis avant sa promulgation.

Enfin les formes de procédure prévues par la loi doivent être respectées, sinon les jugements seraient annulés par la Cour de cassation.

QUESTIONNAIRE. — 1. Autrefois, qu'autorisait la législation ? Aujourd'hui ces cruautés ont-elles disparu ? — 2. Les dommages-intérêts, les emprisonnements prononcés par les tribunaux sont-ils des peines nécessaires ? Comment ? — 3. Que faut-il pour qu'un coupable soit puni ? — 4. La loi a-t-elle un effet rétroactif ? Qu'arrive-t-il quand un jugement a été rendu sans que les formes légales aient été observées ?

RÉSUMÉ. — *Texte de l'article* 8.

17ᵉ LEÇON

Déclaration des droits de l'homme et du citoyen.

ARTICLE 9

Tout homme étant présumé innocent jusqu'à ce qu'il ait été déclaré coupable, s'il est jugé indispensable de l'arrêter, toute rigueur qui ne serait pas nécessaire pour s'assurer de sa personne doit être sévèrement réprimée par la loi.

1. C'est avec raison que l'article 9 pose ce principe : tout accusé est présumé innocent jusqu'à ce qu'il ait été déclaré coupable. En effet, tant qu'un jugement n'a pas été rendu, qui nous dit que nous sommes en présence du coupable ? Nous pouvons nous tromper, nos soupçons peuvent se porter sur un innocent en dépit de tous les indices. Quant aux gens qui prétendent que la société devrait se faire justice séance tenante, ils ont tort, car souvent nous sommes induits en erreur par les apparences. Un prévenu n'est pas toujours un coupable. Même en prison, un citoyen doit toujours être présumé innocent tant qu'il n'a pas été condamné par les tribunaux et suivant les formes légales.

2. Autrefois, le prévenu était considéré comme coupable, il devait prouver son innocence et la législation autorisait la torture, pratique barbare et odieuse, pour l'obliger à faire des aveux. Il arrivait alors qu'un accusé innocent était plus cruellement traité qu'un criminel.

3. Aujourd'hui, c'est aux tribunaux qu'il appartient de prouver la culpabilité du prévenu. Celui-ci est assisté d'un avocat et toute facilité lui est donnée pour se défendre. Pendant l'instruction de son procès il est du devoir des magistrats de réduire au strict minimum *la prison préventive.*

4. Il résulte de l'article 9 que les accusés ne doivent être emprisonnés avant leur jugement que *si cette mesure est absolument* nécessaire. Au besoin on exige d'eux une *caution* en argent pour les laisser en *liberté provisoire.*

5. Lorsqu'une arrestation est jugée indispensable même si le prévenu fait rébellion, « toute rigueur qui ne serait pas nécessaire pour s'assurer de sa personne est défendue par la loi ». Les agents qui insulteraient un prisonnier ou qui useraient envers lui de violences inutiles seraient sévèrement punis.

QUESTIONNAIRE. — 1. Pourquoi doit-on traiter un prévenu autrement qu'un coupable ? — 2. Comment autrefois considérait-on un accusé? — 3. Aujourd'hui, un prévenu peut-il se défendre ? Qu'est-ce que la *prison préventive* ? — 4. Qu'appelle-t-on *liberté provisoire* ? — 5. Les agents de la force publique doivent-ils se livrer à des voies de fait contre un prisonnier ?

RÉSUMÉ. — *Texte de l'article 9.*

18ᵉ LEÇON

Déclaration des Droits de l'homme et du citoyen.

ARTICLE 10

Nul ne doit être inquiété pour des opinions, même religieuses, pourvu que leur manifestation ne trouble pas l'ordre public établi par la loi.

1. L'article 10 proclame la *liberté de conscience*, c'est-à-dire le droit pour toute personne de croire ou de ne pas croire, de pratiquer une religion ou de n'en point pratiquer, d'appartenir à n'importe quel culte ou de n'appartenir à aucun. Après avoir reconnu, dans l'article 2 de la Déclaration, que la liberté est un de nos droits naturels et imprescriptibles, la Constituante ne pouvait pas refuser aux citoyens le droit de penser et de croire comme ils l'entendraient, soit en matière politique, soit en matière religieuse.

2. Autrefois, sous l'ancien régime, tous ceux qui n'étaient pas catholiques étaient persécutés. L'Église toute-puissante imposait ses volontés aux rois. On brûlait les hérétiques, de terribles guerres de religion désolèrent la France. L'Édit de Nantes mit fin à ces guerres mais il n'empêcha pas les persécutions contre les protestants. Après la révocation de l'Édit de Nantes, ils quittèrent la France en grand nombre pour aller s'établir à l'étranger. Ceux qui restèrent Français furent exclus des fonctions publiques et des professions libérales. Leur culte fut interdit. Ils n'avaient plus d'état civil légal. L'histoire raconte les odieuses persécutions connues sous le nom de Dragonnades. Malgré les idées de tolérance que nos philosophes propagèrent au dix-huitième siècle, le chevalier de la Barre, jeune homme de dix-neuf ans, accusé de n'avoir pas salué une procession, fut odieusement torturé. On lui coupa la langue et la main droite ; puis il fut décapité et son corps jeté au feu.

3. Aujourd'hui, la loi ne fait aucune différence entre les citoyens appartenant aux différentes religions. Chacun est libre de choisir le culte qu'il juge le meilleur ou de n'en adopter aucun. Le temps odieux des persécutions est passé. L'article 10 a émancipé les consciences en déclarant que « nul ne doit être inquiété pour ses opinions, même religieuses ».

4. La manifestation d'un culte ne doit pas troubler l'ordre public

établi par la loi. Ainsi les processions sont interdites dans certaines communes parce qu'elles peuvent gêner la circulation et aussi parce qu'elles pourraient provoquer des rixes entre citoyens de religions différentes.

QUESTIONNAIRE. — 1. Qu'entend-on par liberté de conscience ? — 2. Autrefois, pouvait-on pratiquer la religion de son choix ? Qu'est-ce que l'édit de Nantes ? Que devinrent les protestants après la révocation de cet édit ? — 3. Aujourd'hui, jouissons-nous de la liberté de conscience ? — 4. Pourquoi, dans certaines communes, empêche-t-on les cérémonies publiques du culte en dehors des églises ou des temples ?

RÉSUMÉ. — *Texte de l'article 10.*

19e LEÇON

Déclaration des Droits de l'homme et du citoyen.

ARTICLE 11

La libre communication des pensées et des opinions est un des droits les plus précieux de l'homme : tout citoyen peut donc parler, écrire, imprimer, librement, sauf à répondre de l'abus de cette liberté dans les cas déterminés par la loi.

1. La Déclaration reconnaît comme un droit naturel la liberté de penser et de croire. Comme conséquence de cette liberté, l'article 11 proclame pour chacun de nous le droit de communiquer, de répandre et de propager ses idées, ses opinions, ses croyances. C'est un des droits *les plus précieux*, dit la Déclaration.

2. Autrefois, la liberté de penser et d'écrire n'existait pas. Le secret même des correspondances était violé par le « Cabinet noir » qui, sous prétexte de s'assurer qu'aucun complot n'était tramé contre le roi, décachetait les lettres et surprenait les secrets des familles. On ne pouvait rien imprimer sans l'autorisation du roi. Les livres publics étaient soumis à une censure très rigoureuse. S'ils contenaient la moindre critique contre les enseignements de l'Église ou contre les actes du roi ou de ses ministres, ils étaient interdits et brûlés, les imprimeurs et les auteurs étaient arrêtés et jetés en prison. La plupart des écrivains et des philosophes du dix-huitième siècle furent bannis ou emprisonnés. En Italie, Galilée, le savant astronome, fut condamné pour avoir affirmé que la terre tourne et on le força à renier solennellement cette vérité que personne ne

conteste aujourd'hui. En France, Étienne Dolet fut brûlé vif à Paris pour avoir discuté et soutenu des doctrines condamnées par l'Église.

3. Aujourd'hui, la liberté de communiquer nos pensées et nos opinions est un droit proclamé et reconnu par la loi. Les journaux et les livres circulent librement. Nous jouissons de la liberté de réunion et de la liberté de la presse. Les orateurs, les conférenciers peuvent parler librement, exposer leurs idées en public, soutenir ou combattre les idées des autres.

Étienne Dolet.

4. En revendiquant pour nous la liberté de communiquer nos pensées et nos opinions, nous reconnaissons implicitement la même liberté chez autrui. Il est donc de notre devoir de ne pas empêcher un adversaire de parler dans une réunion publique, pas plus que nous ne devons proscrire par la voix de la presse ceux qui professent d'autres idées, d'autres opinions que celles que nous défendons.

5. Nous sommes responsables de nos actes comme de nos paroles et de nos écrits. Si nous nuisons à nos semblables par des attaques personnelles, si nous troublons l'ordre public, nous dépassons les limites de notre liberté et nous nous exposons à être poursuivis devant les tribunaux.

QUESTIONNAIRE. — 1. Que proclame l'article 11 ? — 2. Autrefois, pouvait-on exprimer sa pensée ? Que savez-vous de Galilée, d'Étienne Dolet ? — 3. Pouvons-nous aujourd'hui communiquer nos pensées, nos opinions ? Comment ? — 4. Avons-nous le droit d'empêcher un adversaire de parler ? Pourquoi ? — 5. Si nous abusons de la liberté de la parole ou de la liberté de la presse, à quoi nous exposons-nous ?

RÉSUMÉ. — *Texte de l'article 11.*

20ᵉ LEÇON

Déclaration des Droits de l'homme et du citoyen.

ARTICLE 12

La garantie des droits de l'Homme et du Citoyen nécessite une force publique; cette force est donc instituée pour l'avantage de tous et non pour l'utilité particulière de ceux auxquels elle est confiée.

1. Il est nécessaire de protéger les Droits de l'homme et du citoyen contre ceux qui seraient tentés d'y porter atteinte. Cette protection est assurée par la *force publique* qui est ainsi mise *au service de la loi*. C'est *l'armée* qui est chargée de défendre le pays contre une invasion, d'assurer l'intégrité du territoire et d'imposer à tous le respect de nos institutions et de nos droits.

A l'intérieur, la *police* et la *gendarmerie* ont pour mission de maintenir l'ordre public.

2. La force publique « est instituée pour l'avantage de tous et non pour l'utilité particulière de ceux à qui elle est confiée ».

Autrefois les chefs achetaient une compagnie ou un régiment. L'armée leur appartenait. Aucune condition d'âge, aucune garantie de capacité n'étaient exigées d'eux. Il leur suffisait d'appartenir à la noblesse et d'avoir de l'argent. « Nul ne pouvait devenir officier s'il n'était pas noble, ni officier supérieur, s'il n'était pas riche, ni général, s'il n'était pas courtisan du roi. » (*Histoire Bouniol et Behr.*)

Quant aux soldats, ils étaient à la merci de leurs officiers, soumis à leurs caprices, à toutes leurs volontés. Les chefs n'avaient aucun respect envers le pouvoir établi et, à plusieurs reprises, ils se liguèrent contre le roi. Quand la royauté fut toute-puissante, elle se servit de la force publique sans égards pour les droits de l'homme et du citoyen.

3. Aujourd'hui l'armée appartient à la nation. Elle est la sauvegarde de notre indépendance et de notre sécurité. Les grades y sont donnés non à la naissance, mais au mérite. Les soldats ne sont plus des mercenaires, mais des citoyens, qui refuseraient de s'associer à une violation des droits de l'homme et du citoyen.

Coup d'État du 18 brumaire.

4. Les chefs sont au service de la loi. Ils commettraient un acte de trahison envers le pays s'ils faisaient servir les troupes placées sous leurs ordres à la réalisation de projets ambitieux.

L'histoire nous apprend qu'à deux reprises, le 18 brumaire 1799 et le 2 décembre 1851, l'armée a été employée à violer la loi qu'elle devait défendre. C'est à *l'indifférence* et à *l'ignorance* des citoyens qu'il faut attribuer la réussite de ces deux crimes. De nos jours, tous les citoyens étant soldats, l'armée est vraiment nationale. Elle ne se prêterait plus à un coup d'État.

QUESTIONNAIRE. — 1. Qu'est-ce qui est chargé de protéger les Droits de l'homme à l'extérieur? A l'intérieur ? — 2. A qui l'armée a-t-elle appartenu autrefois ? — 3. A qui appartient-elle aujourd'hui ? — 4. Quel est le devoir des chefs ? Que nous apprend l'histoire ? A quoi faut-il attribuer le succès des coups d'État de brumaire 1799 et de décembre 1851 ?

RÉSUMÉ. — *Texte de l'article 12.*

21e LEÇON

REVISION

15e, 16e, 17e, 18e, 19e et 20e leçons

Articles 7e, 8e, 9e, 10e, 11e, 12e de la Déclaration des Droits de l'homme et du citoyen.

LECTURE A COMMENTER

UNE NATION SANS JUSTICE

Il y avait en Arabie un petit peuple appelé Troglodytes... Ils étaient si méchants et féroces qu'il n'y avait parmi eux aucun principe d'équité et de justice.

Ils avaient un roi d'une origine étrangère, qui, voulant corriger la méchanceté de leur naturel, les traitait sévèrement; mais ils se conjurèrent contre lui, le tuèrent et exterminèrent toute la famille royale.

Le coup étant fait, ils s'assemblèrent pour choisir un gouvernement, et après bien des dissensions ils créèrent des magistrats. Mais, à peine les eurent-ils élus qu'ils leur devinrent insupportables; et ils les massacrèrent encore.

Ce peuple, libre de ce nouveau joug, ne consulta plus que son naturel sauvage. Tous les particuliers convinrent qu'ils n'obéiraient plus à personne, que chacun veillerait uniquement à ses intérêts sans consulter ceux des autres...

Il y avait un homme qui possédait un champ assez fertile qu'il cultivait avec grand soin : deux de ses voisins s'unirent ensemble, le chassèrent de sa maison, occupèrent son champ, ils firent entre eux une union pour se défendre contre tous ceux qui voudraient l'usurper, et, effectivement, ils se soutinrent par là plusieurs mois. Mais un des deux, ennuyé de partager ce qu'il pouvait avoir tout seul, tua l'autre et devint seul maître du champ. Son empire ne fut pas long : deux autres Troglodytes vinrent l'attaquer, et il se trouva trop faible pour se défendre et fut massacré...

Montesquieu.

Cependant une maladie cruelle ravageait la contrée. Un médecin habile y arriva du pays voisin et donna des remèdes si à propos qu'il guérit tous ceux qui se mirent entre ses mains. Quand la maladie eut cessé, il alla chez tous ceux qu'il avait traités, demander son salaire, mais il ne trouva que des refus; il retourna dans son pays et il y arriva accablé des fatigues d'un si long voyage. Mais bientôt après, il apprit que la même maladie se faisait sentir de nouveau et affligeait plus que jamais cette terre ingrate. Ils allèrent à lui cette fois et n'attendirent pas qu'il vînt à eux. «Allez, leur dit-il, hommes injustes, vous avez dans l'âme un poison plus mortel que celui dont vous voulez guérir; vous ne méritez pas d'occuper une place sur la terre, parce que vous n'avez pas d'humanité et que les règles de l'équité vous sont inconnues. »

MONTESQUIEU.

22e LEÇON

Déclaration des Droits de l'homme et du citoyen.

ARTICLE 13

Pour l'entretien de la force publique et pour les dépenses de l'administration, une contribution commune est indispensable ; elle doit être également répartie entre tous les citoyens en raison de leurs facultés.

1. Après avoir établi la nécessité d'une force publique pour garan-

tir aux citoyens la jouissance de leurs droits, la Constituante, dans l'article 13 de la Déclaration, indique les moyens de pourvoir à l'entretien de cette force publique et aux dépenses d'administration. Elle constate qu'*une contribution commune est indispensable* pour faire face aux charges publiques.

2. Autrefois, les impôts étaient inégalement répartis entre les trois classes de la société ; les paysans subvenaient presque seuls aux dépenses considérables de l'État, la noblesse et le clergé, qui étaient immensément riches, ne payaient presque rien.

« Les impôts écrasaient le peuple. Durant les dix-septième et dix-huitième siècles, ils passèrent de 40 à 500 millions. Les impôts directs, entre autres la *taille*, n'étaient guère payés que par les paysans et les petits artisans ; ils enlevaient à ces malheureux la moitié de leur gain. Les impôts indirects : *gabelle* (droit sur le sel), *aides* (droit sur les boissons) étaient affermés à des financiers qui payaient au roi une certaine somme et arrachaient au peuple trois ou quatre fois plus d'argent. » (*Histoire Bouniol et Behr.*)

3. Aujourd'hui, les impôts sont supportés par tous. Pour ce qui est des charges publiques, il n'existe plus de classes privilégiées.

4. *La contribution commune doit être également répartie entre tous les citoyens en raison de leurs facultés.* L'État ayant besoin de beaucoup d'argent pour assurer les services publics, pour solder les frais d'entretien de l'armée, de la gendarmerie, de la police, pour payer les fonctionnaires, il est juste que chacun paye sa part dans ces dépenses d'utilité commune. Cette part sera d'autant plus élevée que la personne a plus de fortune. Plus un homme a de *facultés*, c'est-à-dire de *moyens*, de *biens* à conserver, plus il doit à l'État qui sauvegarde ses intérêts et qui lui garantit la possession de ses biens. L'impôt doit donc être proportionnel à la richesse de chacun. — Le temps n'est plus où l'on disait : *le noble combat, le prêtre prie, le peuple paye.*

QUESTIONNAIRE. — 1. Que constate l'article 13 ? — 2. Comment les impôts étaient-ils répartis autrefois ? Quel était le sort du peuple ? — 3. Aujourd'hui, par qui sont supportés les impôts ? — 4. Est-il juste que chacun paye sa part dans les dépenses publiques ? Pourquoi ? Comment doit être réparti l'impôt ?

RÉSUMÉ. — *Texte de l'article* 13.

23ᵉ LEÇON

Déclaration des Droits de l'homme et du citoyen.

ARTICLE 14

Tous les citoyens ont le droit de constater, par eux-mêmes, ou par leurs représentants, la nécessité de la contribution publique, de la consentir librement, d'en suivre l'emploi et d'en déterminer la quotité, l'assiette, le recouvrement et la durée.

1. Autrefois, sous la monarchie absolue, les rois levaient les impôts qui leur étaient nécessaires d'abord pour solder leurs dépenses personnelles, ensuite celles des seigneurs qui formaient leur cour, enfin celles de l'État. Ils ne consultaient personne, ils employaient l'argent à leur gré et ne rendaient de comptes à qui que ce soit. Louis XIV ne dit-il pas dans ses mémoires que les rois ont *la disposition pleine et entière des biens de leurs sujets; — que tout ce qui se trouve dans l'étendue de leurs états leur appartient ?* Les impôts étaient écrasants et leur perception vexatoire. La force armée en assurait au besoin le recouvrement.

Perception de l'impôt d'autrefois.

2. L'Assemblée constituante fit disparaître ces iniquités en proclamant dans l'article de la Déclaration que *tous les citoyens ont le droit de constater par eux-mêmes ou par leurs représentants, la nécessité de la contribution publique, de la consentir librement.* Les impôts ne peuvent donc être perçus qu'après avoir été reconnus nécessaires par le peuple ou par ses représentants. En France, ce sont les députés et les sénateurs qui fixent chaque année le total des *dépenses nécessaires* et qui établissent *librement* la nature et le montant des impôts destinés à y faire face. Au nom du peuple, les Chambres votent le *budget,* c'est-à-dire donnent au gouvernement le droit de percevoir les impôts et en déterminent l'emploi.

3. Les citoyens ont encore le droit de suivre l'emploi de l'impôt, d'en déterminer la quotité, l'assiette, le recouvrement et la durée.

La mission de nos représentants n'est donc pas terminée quand ils ont voté le budget; ils doivent encore *contrôler* les dépenses, afin d'empêcher les malversations et les gaspillages.

Le Parlement a encore pour devoir de déterminer la *quotité* de l'impôt, c'est-à-dire la part de l'impôt que chaque citoyen doit supporter ; l'*assiette* ou manière dont l'impôt est assis, c'est-à-dire les objets qu'il frappe et sa répartition ; le *recouvrement* ou mode de perception et enfin la *durée* qui, en France, est en général d'une année.

Aujourd'hui, les contributions sont votées, réparties et perçues conformément à l'article 14 de la Déclaration des Droits.

QUESTIONNAIRE. — 1. Qui autrefois levait les impôts ? A qui les rois rendaient-ils des comptes ? Qu'écrivait Louis XIV dans ses Mémoires ? — 2. Par qui les impôts sont-ils votés aujourd'hui ? Que font les Chambres en matière d'impôts ? — 3. Qu'entendez-vous par la quotité de l'impôt, l'assiette, le recouvrement, la durée ?

RÉSUMÉ. — *Texte de l'article 14.*

24ᵉ LEÇON

Déclaration des Droits de l'homme et du citoyen.

ARTICLE 15

La société a le droit de demander compte à tout agent public de son administration.

1. Le droit de contrôle est une conséquence du principe de souveraineté nationale. Tout fonctionnaire public, depuis le plus élevé jusqu'au plus modeste, tenant son emploi de l'autorité souveraine du peuple, il est juste que les mandataires de cette autorité aient le droit de lui demander compte de sa gestion, de lui confirmer sa charge ou de l'en déposséder, s'il y a lieu, en lui laissant la responsabilité de ses actions.

2. Tout agent de l'État n'étant qu'un délégué de la nation doit remplir sa mission avec zèle, placer l'intérêt général au-dessus de son intérêt propre et se considérer comme un serviteur du pays.

3. Au nom du peuple qu'ils représentent, les élus doivent surveiller minutieusement le bon emploi des impôts, s'opposer à toute dépense qu'ils n'auraient pas consentie. Ils doivent aussi contrôler toutes les administrations. Ils manqueraient à leur devoir s'ils laissaient confier des fonctions à des agents incapables ou indignes.

Dans certains pays monarchiques, le droit de contrôle n'existe pas pour les actes du souverain. On s'expose même à être poursuivi pour crime de *lèse-majesté* si l'on se permet la moindre critique sur le monarque.

4. En France, le chef de l'État lui-même étant considéré comme le premier magistrat du pays, ses actes sont soumis au contrôle des représentants de la nation comme ceux des ministres qui dirigent les affaires publiques et des fonctionnaires de tout rang placés sous leurs ordres.

5. Les mandataires du peuple peuvent interpeller un ministre sur les actes qu'ils considèrent comme illégaux. Ils peuvent également le questionner sur les actes de ses subordonnés. Si le ministre est l'objet d'un vote de blâme ou de défiance, il donne sa démission ; c'est ce qu'on appelle la responsabilité ministérielle.

6. Toutes les administrations sont l'objet d'une surveillance étroite de la part des inspecteurs. Ces inspecteurs sont placés sous les ordres d'autres fonctionnaires qui, eux-mêmes relèvent d'autres agents. Il s'établit ainsi une hiérarchie qui remonte jusqu'au ministre, et le ministre doit compte de son administration aux Chambres, c'est-à-dire aux représentants du pays. C'est dans l'intérêt général que tous ces contrôles sont établis.

QUESTIONNAIRE. — 1. De qui un fonctionnaire public tient-il son autorité ? — 2. Comment un agent public doit-il remplir sa mission ? — 3. Quel est le devoir des élus? — 4. En France, tous les fonctionnaires sont-ils soumis à un contrôle ? — 5. Qu'est-ce que le droit d'interpellation ? — 6. Comment les administrations sont-elles surveillées ?

RÉSUMÉ. — *Texte de l'article* 15.

25ᵉ LEÇON

Déclaration des Droits de l'homme et du citoyen.

ARTICLE 16

Toute société, dans laquelle la garantie des droits n'est pas assurée, ni la séparation des pouvoirs déterminée, n'a pas de constitution.

1. Pour que la garantie des droits naturels soit assurée, il faut qu'une constitution précise bien nettement les droits du citoyen et

les droits de l'État, qu'elle fasse connaître comment ces droits seront exercés, qu'elle règle l'organisation et les rapports des pouvoirs publics, qu'elle fixe et limite les attributions de ceux qui détiennent l'autorité.

2. Les différents pouvoirs de l'État doivent être séparés et chacun d'eux doit conserver sa complète indépendance : le pouvoir législatif qui fait les lois, le pouvoir exécutif qui les fait appliquer et le pouvoir judiciaire qui en punit la violation.

3. En cas de désaccord entre le pouvoir législatif et le pouvoir exécutif, la constitution doit indiquer le moyen de dénouer le conflit. Autrement les deux pouvoirs entreraient en lutte (l'histoire nous en donne des exemples), l'un cherchant à paralyser l'action de l'autre et réciproquement, il y aurait rupture d'équilibre et par suite désordre, ce serait le règne de l'arbitraire et du despotisme.

4. Autrefois, avant 1789, il n'y avait pas de constitution, le roi avait tous les pouvoirs; sa puissance était absolue. Il rendait des ordonnances, les faisait exécuter comme il lui plaisait et punissait selon ses caprices ceux qui les violaient. Il pouvait même suspendre l'action de la justice et annuler les arrêts rendus si les jugements n'étaient pas conformes à son désir.

5. Aujourd'hui, la séparation des pouvoirs est déterminée. La constitution de 1875 qui nous régit règle les rapports du pouvoir législatif et du pouvoir exécutif et ces rapports sont clairement définis. Le pouvoir judiciaire est complètement indépendant des deux autres pouvoirs. Les juges ne peuvent être révoqués, ils sont inamovibles. On a voulu ainsi les soustraire aux influences politiques. Ils peuvent donc rendre leurs jugements en toute liberté et n'écouter que leur conscience.

QUESTIONNAIRE. — 1. Que faut-il pour que les droits naturels de l'homme soient garantis ? — 2. Quels sont les trois pouvoirs de l'État? Pourquoi doivent-ils être indépendants l'un de l'autre ? — 3. En cas de conflit entre le pouvoir législatif et le pouvoir exécutif que doit indiquer la constitution ? — 4. Autrefois, y avait-il une constitution ? Les pouvoirs étaient-ils séparés ? — 5. Aujourd'hui comment la garantie des droits naturels est-elle assurée ?

RÉSUMÉ. — *Texte de l'article 16.*

26ᵉ LEÇON

Déclaration des Droits de l'homme et du citoyen.

ARTICLE 17

La propriété étant un droit inviolable et sacré, nul ne peut en être privé, si ce n'est lorsque la nécessité publique, légalement constatée, l'exige évidemment, et sous la condition d'une juste et préalable indemnité.

1. « Tout citoyen a le droit de jouir et de disposer à son gré de ses biens, de ses revenus, du fruit de son travail et de son industrie. » (Art. 16 de la Déclaration de 1793.) C'est ce qu'on appelle « son droit de propriété ».

2. Dans l'article 2 de la Déclaration, les Constituants ont mis la *propriété* au nombre des droits naturels qui appartiennent à tout homme sans exception. Dans l'article 17, ils posent le principe de la propriété individuelle et la considèrent comme un droit *inviolable* et *sacré*. En effet, puisque tout homme est libre d'employer comme il veut ses forces physiques et intellectuelles, on ne peut l'empêcher de jouir de son travail sans porter atteinte à sa liberté. Le droit de propriété découle donc de la liberté et du travail.

3. Autrefois les rois prétendaient être les propriétaires des biens de leurs sujets. « Les rois sont seigneurs absolus, dit Louis XIV dans ses Mémoires, et ont naturellement la disposition pleine et entière de tous les biens possédés, aussi bien par les gens d'Église que par les séculiers. » Le droit de propriété n'était pas respecté.

4. Aujourd'hui, tout citoyen est maître de ses biens. Ils lui appartiennent au même titre que son intelligence et sa liberté et personne n'a le droit de l'en dépouiller. « Qu'il s'agisse d'une maison, d'une usine, d'une machine, d'un outil, d'un capital quelconque, le droit est toujours le même : l'œuvre appartient à l'ouvrier. Elle est à lui parce qu'elle est le produit de son travail et de son économie, parce qu'il l'a véritablement enfantée à la sueur de son front et que, sans lui, elle n'existerait pas. D'où l'on voit que *propriété* et *liberté* se tiennent comme l'arbre et le fruit ; l'un est le labour, l'autre est la récolte. Toucher l'une, c'est toucher à l'autre et **les tuer du même coup.** » (*Laboulaye.*)

5. Cependant le droit de propriété est limité par l'intérêt général et l'article 17 contient une exception au droit de propriété. « Nul

ne peut être privé de sa propriété si ce n'est lorsque la nécessité publique, légalement constatée, l'exige évidemment. » Quand des travaux d'intérêt général sont entrepris, mon intérêt particulier doit s'incliner. On peut s'emparer de mon bien, malgré mes protestations, c'est l'expropriation pour cause d'utilité publique, mais, avant de m'enlever ma propriété, on doit me verser une juste et préalable indemnité. Cette indemnité est fixée de gré à gré ou par un jury nommé à cet effet.

QUESTIONNAIRE. — 1. Qu'est-ce que le droit de propriété ? — 2. Pourquoi la propriété doit-elle être inviolable et sacrée ? — 3. Autrefois, que prétendaient les rois en fait de propriété ? — 4. En est-il de même aujourd'hui ? — 5. Qu'entendez-vous par expropriation pour cause d'utilité publique ?

RÉSUMÉ. — *Texte de l'article* 17.

27ᵉ LEÇON

Déclaration des Droits de l'homme et du citoyen.

CONCLUSION

1. La Déclaration des Droits de l'homme et du citoyen est une œuvre remarquable non seulement par les vérités publiques et sociales qu'elle proclame, mais encore par la manière dont ces vérités sont exprimées. Sa lecture émeut, impressionne, comme tout ce qui a un caractère de grandeur, de noblesse et de beauté.

2. Bien qu'élaborée et proclamée par une Assemblée nationale française, la Déclaration ne s'adresse pas seulement à la France, mais à tous les peuples, à l'humanité tout entière. Elle a un caractère universel, humain. Elle n'impose pas de dogmes, elle s'adresse à la raison.

3. Elle comprend tout d'abord un préambule établissant que les malheurs publics sont causés par l'ignorance, l'oubli ou le mépris des droits de l'homme, qu'il est nécessaire de proclamer ces droits et de les tenir constamment présents à l'esprit de tous les citoyens.

4. Elle proclame les droits de l'homme, *naturels, inaliénables, imprescriptibles* et *sacrés*. Ces droits se divisent ainsi : 1° droits de l'homme ou droits civils, c'est-à-dire ceux que possède tout être humain, sans distinction de race ou de sexe : liberté individuelle égalité devant la loi, droit de propriété, liberté de conscience, liberté de la parole et de la presse : 2° droits du citoyen ou

Déclaration des Droits de l'Homme.

droits civiques ou encore droits politiques, c'est-à-dire ceux que le citoyen tient de la société organisée : souveraineté nationale, séparation des pouvoirs, suffrage universel, responsabilité des fonctionnaires, autorité exclusive de la loi, participation de tous les citoyens à l'impôt et au vote de l'impôt.

5. Une nation républicaine et démocratique comme la France ne peut être gouvernée autrement que d'après les principes de 1789, principes contenus dans la Déclaration des Droits de l'homme et du citoyen.

6. Aux idées de *liberté* et d'*égalité*, la République de 1848 a ajouté l'idée de *fraternité* et ces trois mots constituent maintenant la devise de la France républicaine.

7. Le vingtième siècle, a-t-on dit, sera le siècle de la mutualité, de la solidarité. Faisons donc tous nos efforts pour diminuer les charges des plus faibles, pour venir en aide aux malheureux que la maladie ou les infirmités empêchent de subvenir à leurs besoins et à ceux de leur famille. Alors nous aurons atteint le bel idéal vers lequel doivent tendre tous les hommes justes et bons. Ce sera le régime vrai de la liberté, de l'égalité, de la fraternité, de la solidarité.

QUESTIONNAIRE. — 1. Comment la Déclaration est-elle une œuvre remarquable ? — 2. Quel est son caractère ? — 3. Que comprend-elle ? — 4. Que proclame-t-elle ? Qu'entend-on par droits civils et droits civiques ? — 5. D'après quels principes une nation républicaine doit-elle être gouvernée ? — 6. Quelle est la devise de la France ? — 7. Que reste-t-il à faire pour que la devise soit complète ?

RÉSUMÉ. — *La Déclaration des Droits de l'homme et du citoyen est une œuvre remarquablement belle. Elle a un caractère universel, humain. Elle contient un préambule et proclame les droits de l'homme ou droits civils et les droits du citoyen ou droits civiques. Un gouvernement républicain doit avoir pour base les principes de 1789.*

28ᵉ LEÇON

REVISION

22ᵉ, 23ᵉ, 24ᵉ, 25ᵉ, 26ᵉ et 27ᵉ leçons.

Articles 13ᵉ, 14ᵉ, 15ᵉ, 16ᵉ, 17ᵉ de la Déclaration des Droits de l'homme et du citoyen et conclusion.

LECTURE A COMMENTER

POUR LA JUSTICE

Martin était un cultivateur établi à Bleurville, village du Barrois, et chargé d'une nombreuse famille. On assassina, il y a deux ans et huit mois, un homme sur le grand chemin auprès du village de Bleurville. Un praticien (1) ayant remarqué sur le même chemin, entre la maison de Martin et le lieu où s'était commis le crime, une empreinte de soulier, on saisit Martin sur cet indice, on lui confronta ses souliers qui cadraient assez avec les traces, et on lui donna la question (2). Après ce préliminaire, il parut un témoin qui avait vu le prisonnier s'enfuir. Le témoin dépose. On lui amène Martin ; il dit qu'il ne reconnaît pas Martin pour le meurtrier. Martin s'écrie : « Dieu soit béni ! en voilà un qui ne m'a pas reconnu » Le juge, fort mauvais logicien, interprète ainsi ces paroles : « Dieu soit béni ! j'ai commis un assassinat et je n'ai pas été reconnu par le témoin. » Le juge, assisté de quelques gradués (3) de village, condamna Martin à la roue sur une amphibologie (4). Le procès est envoyé à la Tournelle de Paris ; le jugement est confirmé ; Martin est exécuté dans son village. Quand on l'étendit sur la croix de Saint-André, il demanda permission au bailli et au bourreau de lever les bras au ciel pour l'attester de son innocence On lui fit cette grâce ; après quoi on lui brisa les bras, les cuisses et les jambes, et on le laissa expirer sur la roue.

Le 26 juillet de cette année, un scélérat, ayant été exécuté dans le voisinage, déclara juridiquement, avant de mourir, que c'était lui qui avait commis l'assassinat pour lequel Martin avait été roué. Cependant le petit bien de ce père de famille innocent est confisqué ; la famille est dispersée depuis trois ans et ne sait peut-être pas que l'on a reconnu enfin l'innocence de son père.

VOLTAIRE.

EXPLICATIONS. — 1. *Praticien, homme qui a la pratique des enquêtes, qui sait comment on conduit un procès.* — 2. *Torture infligée dans le but de faire avouer un accusé.* — 3. *Qui a obtenu un grade dans une faculté.* — 4. *Phrase qu'on peut comprendre dans deux sens différents.*

CHAPITRE III

DEVOIRS DES CITOYENS ENTRE EUX ET ENVERS L'ÉTAT

29ᵉ LEÇON

Devoirs des citoyens entre eux.

1. Les citoyens n'ont pas seulement des droits, ils ont aussi des devoirs qu'ils ne peuvent méconnaître sans mettre en péril le gouvernement et la Patrie elle-même. Ce sont des devoirs de justice, de fraternité, de solidarité.

2. Sans justice, pas de société. Le plus fort règne sans contrôle, le faible est opprimé, écrasé. Que faut-il pour être juste ? Respecter les droits de tous, faire tous ses efforts pour être utiles à la société en retour des avantages considérables que nous recevons d'elle.

3. Un malheureux implore la pitié des passants. L'homme charitable, en lui donnant une aumône, ne s'inquiète pas de savoir pourquoi ce misérable se trouve dans un dénuement si complet. L'homme juste se demande d'où vient ce pauvre et d'où provient sa misère. Si le malheureux est coupable, sa misère présente est déjà une rude expiation. S'il n'est pas coupable, il doit être aidé par toute la société. La loi doit protéger le pauvre. La loi sur les accidents du travail, la loi projetée sur les retraites ouvrières sont des lois de justice.

4. Tous les hommes sont étroitement dépendants les uns des autres. Le travail de chacun profite à tous et le travail de tous profite à chacun. C'est la solidarité sociale. Tous les travailleurs sont utiles : les travailleurs intellectuels comme les travailleurs manuels. L'ingénieur qui invente de nouvelles machines agricoles, le chimiste qui découvre de nouveaux engrais, le cultivateur qui laboure, sème et moissonne, accroissent la richesse générale.

5. Le savant ne pourrait étudier les lois de l'univers, les écrivains nous faire connaître leurs idées, si le paysan ne travaillait pas pour eux la terre, si les ouvriers ne tissaient le fil, le coton et la laine, si le marin ne rapportait pas des pays lointains les matières premières qui alimentent notre industrie. C'est ainsi que tous, savants, laboureurs, ouvriers, matelots, dépendent les uns des autres, sont solidaires les uns des autres.

6. Ce sentiment de solidarité, dont nous avons conscience, nous dispose à remplir tous nos devoirs de fraternité envers les autres hommes.

QUESTIONNAIRE. — 1. Qu'arriverait-il si les citoyens méconnaissaient les devoirs qu'ils ont entre eux ? — 2. Quels sont ces devoirs ? Que faut-il pour être juste ? — 3. Que fait l'homme charitable ? l'homme juste ? — 4. Qu'est-ce que la solidarité sociale ? Tous les travailleurs sont-ils utiles ? — 5. Pouvons-nous nous passer les uns des autres ? — 6. Pourquoi les hommes doivent-ils s'entr'aider ?

RÉSUMÉ. — *Les citoyens d'un même pays ont des devoirs de justice, de solidarité et de fraternité à pratiquer les uns envers les autres. La justice ne consiste pas seulement à ne pas faire de tort à autrui, mais à le soulager dans sa misère. La solidarité, la fraternité, c'est le devoir que nous avons de nous obliger les uns les autres, de nous venir en aide s'il est nécessaire.*

30ᵉ LEÇON

Devoirs des citoyens envers l'État ou devoirs civiques.

1° DEVOIR DE VOTER

1. Dans un pays de souveraineté nationale comme la République, les citoyens ont un droit très important à exercer, *le droit de vote*. Le vote est l'acte par lequel les citoyens d'un pays libre choisissent leurs représentants. Ce droit est très précieux puisque c'est par lui que le citoyen exerce sa souveraineté.

2. Les citoyens d'un grand pays comme la France ne peuvent pas s'occuper directement de la confection des lois et de l'administration de l'État. Ils délèguent leurs pouvoirs à des mandataires qu'ils nomment. Du choix de ces mandataires dépendent en grande partie la justice des lois et la direction donnée au gouvernement. Ce choix est donc une affaire grave qu'il ne faut point traiter à la légère et pour laquelle il est nécessaire d'avoir toujours en vue l'intérêt du pays.

3. Le droit de vote doit être exercé toutes les fois que l'État le demande. S'abstenir de voter, c'est être indifférent aux intérêts du pays, au bon fonctionnement de nos institutions; c'est se montrer indigne de la liberté que nos pères ont conquise au prix de leur sang.

4. L'électeur doit voter selon sa conscience, il doit donner son suffrage au plus digne, au plus capable. Il est quelquefois difficile de voter en pleine connaissance de cause. Cette difficulté impose à l'électeur le devoir de *s'éclairer*, de *s'instruire*, afin que son vote soit réfléchi et sérieux.

5. Voter selon sa conscience, c'est voter *librement* avec indépendance, sans se laisser influencer par des promesses, sans se laisser intimider par des menaces.

6. Le vote doit aussi être *désintéressé*. Il ne faut pas que des considérations d'intérêt ou des préférences personnelles nous fassent oublier les opinions et les principes que nous voulons défendre. Céder à l'amitié, à l'espérance d'obtenir une faveur, c'est sacrifier l'intérêt général, l'intérêt du pays, à son intérêt particulier.

7. Les élus ont le devoir de respecter leurs électeurs, de s'appliquer à tenir leurs engagements, leurs promesses et de faire tous leurs efforts pour remplir fidèlement le mandat qui leur a été confié.

QUESTIONNAIRE. — 1. Qu'est-ce que le vote ? — 2. Pourquoi le droit de vote est-il important ? — 3. Est-ce une obligation de voter ? Pourquoi ne doit-on pas s'en abstenir ? — 4. Comment l'électeur doit-il voter ? — 5. Qu'est-ce que voter librement ? — 6. Pourquoi le vote doit-il être désintéressé ? — 7. Quel est le devoir des élus ?

RÉSUMÉ. — *Dans une république, les citoyens ont le devoir de voter. Ce devoir est très important puisque c'est du choix que font les électeurs que dépend la prospérité du pays. S'abstenir de voter, c'est se montrer indifférent aux intérêts du pays.*

Le vote doit être éclairé, libre, désintéressé.

Les élus doivent remplir fidèlement leur mandat.

31ᵉ LEÇON

Devoirs des citoyens envers l'État
ou devoirs civiques.

2° OBÉISSANCE AUX LOIS

1. Une loi est un ensemble de prescriptions établies par les

Chambres dans l'intérêt commun. La loi est l'expression de la volonté nationale, la véritable souveraine des États libres. C'est elle qui règle les rapports qu'entretiennent entre eux les membres de la société.

2. L'obéissance aux lois est le premier devoir du citoyen. Celui qui aime son pays obéit à ses lois. Il comprend qu'il doit aux lois tous les biens dont il jouit : la vie, la sécurité, l'indépendance, la liberté, la justice. Il ne désobéit pas à la loi même quand il a la certitude que sa désobéissance restera ignorée.

3. Il n'y a pas de société, pas de patrie possibles sans le respect des lois. Si nous n'obéissions qu'aux lois qui nous plaisent, pourquoi notre voisin n'agirait-il pas comme nous ? Il n'y aurait bientôt plus d'autre loi que le caprice ou la fantaisie de chacun ; ce serait l'anarchie, c'est-à-dire le désordre. C'est du respect des lois qu'une nation tire sa force et sa prospérité.

4. Dans un pays libre, les lois sont discutées et votées par des assemblées élues. Elles émanent de la nation elle-même puisqu'elles sont faites par ses mandataires ; en sorte que désobéir à la loi, c'est désobéir à soi-même, violer la loi, c'est se révolter contre soi-même.

5. Il peut arriver que la loi nous semble nuisible, injuste. Notre devoir est de lui obéir encore, nous ne devons pas nous y soustraire.

Les lois, d'ailleurs, ne sont pas immuables. Dans un gouvernement de progrès, comme la République, chacun a le droit d'en poursuivre l'amendement ou l'abolition par tous les moyens légaux.

6. Violer la loi est une action condamnable et souvent un crime. Le crime est d'autant plus grand que la loi est plus importante. Un coup d'État, par exemple, qui s'attaque à la constitution, la loi fondamentale du pays, est monstrueux, justement flétri.

7. Le respect dû aux lois est une obligation qui s'étend aux Pouvoirs chargés de les faire ou d'en poursuivre l'application.

La nation a le droit d'exiger de tous l'obéissance aux lois ; elle a par cela même le droit d'y contraindre ceux qui refusent de s'y soumettre. Le droit de punir n'appartient qu'à l'État qui juge au nom de la nation.

QUESTIONNAIRE. — 1. Qu'est-ce qu'une loi ? De quelle volonté est-elle l'expression ? — 2. Qu'est-ce qu'un citoyen doit aux lois de son pays ? — 3. Pourquoi devons-nous respecter les lois ? — 4. Dans un pays libre, n'est-ce pas insensé de se révolter contre la loi ? — 5. Les lois sont-elles immuables ? — 6. Que pensez-vous d'un coup d'État ? — 7. A qui s'étend le respect que nous devons aux lois ?

RÉSUMÉ. — *La loi est l'expression de la volonté nationale. Il n'y a pas de société possible sans l'obéissance aux lois. C'est notre devoir et notre intérêt de les observer rigoureusement. Nous devons aussi les respecter et respecter ceux qui sont chargés de les faire ou de les appliquer. Ceux qui transgressent les lois s'exposent à des châtiments qui leur sont infligés au nom de la nation.*

32ᵉ LEÇON

Devoirs des citoyens envers l'État ou devoirs civiques.

3° DEVOIR DE PAYER L'IMPOT

1. Les lois sont faites dans l'intérêt de tous. De nombreux agents veillent, chacun dans les limites de ses attributions, à l'exécution de ces lois. Pour rétribuer ces agents, l'État a besoin d'argent. Il en a besoin encore pour assurer la prospérité de l'agriculture, de l'industrie et du commerce, construire des routes, des canaux, des chemins de fer, des ports, pourvoir à la défense du pays, bâtir des écoles, assurer le bon fonctionnement de tous les services publics.

2. Tout cela exige beaucoup d'argent. Chaque citoyen qui profite de ces dépenses doit en supporter la charge proportionnellement à ses ressources. De là la nécessité et la légitimité de l'impôt.

L'impôt est cette part réclamée à chaque citoyen pour solder les dépenses d'utilité commune.

3. Avant 1789, le monarque, de sa seule autorité, *imposait* à ses sujets la somme à payer. Depuis la Révolution, c'est la nation elle-même, par l'intermédiaire de ses représentants, qui fixe chaque année par la loi de *finances,* la somme que le gouvernement est autorisé à réclamer aux contribuables.

4. L'État nous assure tous les bienfaits de la vie sociale. En nous demandant de payer l'impôt, il ne fait que nous réclamer le paiement d'une dette, que nous devons avoir à cœur d'acquitter.

5. Acquitter l'impôt est un devoir civique. Sans impôt, il ne peut y avoir ni société ni patrie. Payons donc nos contributions avec régularité. Payons sans récriminer, sans témoigner aucune mauvaise humeur.

6. Si nous trouvons que nos impôts sont trop élevés, que notre part est trop lourde, nous pouvons en demander la réduction.

Mais nous ne devons pas rendre les agents du fisc responsables des injustices dont nous croyons être les victimes.

7. Certaines personnes qui se feraient scrupule de retenir la plus minime somme sur ce qu'elles doivent à un particulier s'imaginent, lorsqu'il s'agit de l'Etat, qu'elles peuvent faire des déclarations mensongères pour diminuer leur part d'impôt. Elles ne déclarent ni ce qu'elles achètent ni ce qu'elles possèdent ; elles font passer des marchandises à la douane ou à l'octroi sans en acquitter les droits.

Le citoyen qui cherche à échapper aux impôts par la fraude, par la dissimulation ou par de fausses déclarations, commet un vol au préjudice de ses concitoyens. En ne payant pas ce qu'il doit, il les fait payer à sa place.

QUESTIONNAIRE. — 1. Pourquoi l'État a-t-il besoin d'argent ? — 2. A qui peut-il en demander ? — Pourquoi est-il juste que chacun paye sa part des dépenses ? Qu'est-ce que l'impôt ? — 3. N'avons-nous pas une dette à acquitter envers l'État ? — 4. Qui fixait les impôts en 1789 ? Comment et par qui sont-ils fixés aujourd'hui ? — 5. Comment faut-il payer ses contributions ? — 6. Pouvons-nous réclamer, si nous pensons être victime d'une injustice ou d'une erreur ? — 7. Que pensez-vous des fraudeurs ?

RÉSUMÉ. — *L'impôt est la part réclamée à chaque citoyen dans les dépenses d'utilité commune. Il est à la fois nécessaire et légitime. En le payant, nous nous acquittons d'une dette contractée envers l'État qui nous assure tous les bienfaits de la vie sociale. Sans impôt, il ne peut y avoir ni société, ni patrie.*

Il ne faut pas chercher à échapper à l'impôt qui est à notre charge. La fraude et la contrebande sont de véritables vols.

33ᵉ LEÇON

Devoirs des citoyens envers l'État ou devoirs civiques.

4° DEVOIR MILITAIRE

1. L'article 12 de la Déclaration des Droits de l'homme a posé ce principe : « La garantie des droits de l'homme et du citoyen nécessite une force publique. Cette force est instituée pour l'avantage de tous... » Une armée permanente est donc nécessaire pour maintenir l'ordre à l'intérieur, pour défendre les intérêts, l'honneur, l'indépendance et le territoire de la patrie contre les ennemis du de-

hors. Cette armée doit être au service du pays, elle doit être une armée nationale.

2.Certains prétendent qu'il suffirait, en cas de danger, d'armer du jour au lendemain les citoyens et de courir à la frontière. Ce serait une chimère que de compter sur ces armées improvisées de patriotes, de soldats citoyens. Si les volontaires de la Révolution, les héroïques soldats de l'an II ont pu défendre le sol de la patrie contre toute la vieille Europe monarchique coalisée contre la France, c'est qu'à cette époque la bravoure individuelle et l'endurance des combattants tenaient une grande place dans les opérations militaires.

Mais aujourd'hui ces héros échoueraient incontestablement contre des armées savamment organisées, fortement aguerries, possédant de terribles engins destructeurs.

3. On ne devient bon soldat qu'après un certain apprentissage. Il faut du temps pour apprendre à manœuvrer avec ordre et précision pour s'endurcir contre les fatigues et les privations, pour s'habituer à garder son sang-froid, pour s'accoutumer au commandement et à une discipline sévère. Le service militaire est donc nécessaire.

4. Le service militaire étant nécessaire, il doit être obligatoire pour tous. Avant la République, ceux qui étaient favorisés par le sort étaient dispensés de tout service ; un certain nombre d'autres étaient pris chaque année par la *conscription*, mais ils pouvaient éviter le service militaire en achetant un remplaçant. C'était une iniquité, le privilège de la richesse.

On ne peut admettre que des milliers de braves gens risquent de se faire tuer à la frontière pendant que d'autres, parce qu'ils ont de la fortune restent dans leurs foyers, se reposant sur les premiers du soin de les défendre, de défendre leurs biens, leur indépendance et leur honneur.

Aujourd'hui tout Français est soldat à moins qu'il n'ait été reconnu impropre au service militaire, et c'est justice puisqu'il s'agit de défendre le patrimoine commun, de sauvegarder l'honneur du pays qui est l'honneur de tous les Français.

7. Le bon citoyen acceptera donc de bon cœur et même avec joie, l'obligation d'être soldat. Il fera tous ses efforts pour devenir plus habile, plus robuste, pour s'endurcir à la fatigue. Il acceptera sans hésitation la discipline militaire. Aux jours de danger, il se montrera confiant et courageux, prêt à faire le sacrifice de sa vie pour tous.

QUESTIONNAIRE. — 1. Pourquoi une armée permanente est-elle nécessaire ? — 2. Pourquoi, aujourd'hui, ne pourrait-on pas la remplacer par des armées improvisées de patriotes ? — 3. Comment devient-on un bon soldat ? -- 4. Avant la République tout le monde était-il soldat ? — 5. Pourquoi tous les citoyens doivent ils être soldats ? — 6. A qui incombe aujourd'hui le service militaire ? -- 7. Quels sont les devoirs du bon citoyen en ce qui concerne le service militaire ?

Résumé. — *Une armée permanente est nécessaire pour assurer le respect et l'indépendance de la patrie. Le service militaire est un devoir pour tout citoyen. Personne n'en est exempté. Cette conception du service militaire est la plus juste puisqu'il s'agit de sauvegarder le patrimoine commun, de défendre la patrie contre tout péril extérieur. Le bon citoyen accepte avec courage et fierté l'obligation de servir son pays.*

34ᵉ LEÇON

Devoirs des citoyens envers l'État ou devoirs civiques.

5° LE DEVOIR DE S'INSTRUIRE

1. Pour pouvoir jouir de ses droits et remplir ses devoirs un citoyen doit être instruit. Les familles doivent donc veiller à ce que leurs enfants soient assidus à l'école et qu'ils y travaillent. Prétendre qu'un artisan n'a besoin que de savoir lire, écrire et compter est une erreur.

2. Non, cela ne suffit pas: un ouvrier, un laboureur sont des citoyens, qui, par leurs votes, exercent une action sur les affaires de la commune, du département et de l'État. Il faut les mettre en mesure de se faire un choix raisonné parmi les différents candidats qui solliciteront leurs suffrages? Et ce choix a une importance capitale puisque l'avenir en dépend.

3. Un électeur qui ne sait rien de l'histoire de son pays, qui ignore ce que la conquête des libertés dont il jouit a coûté d'efforts et de sacrifices, qui n'a qu'une idée vague de la Constitution dont il doit assurer le fonctionnement, qui n'a pas un jugement assez cultivé pour apprécier les conséquences de ses votes, une moralité assez haute pour faire passer l'intérêt général avant son propre intérêt, n'apportera pas dans l'exercice de ses droits, dans l'accomplissement de ses devoirs de citoyen la gravité, les convictions profondes qui en assurent le plein effet.

4. Dans une démocratie où tout dépend du vote des citoyens, l'instruction du peuple est une œuvre d'intérêt suprême.

Les parents qui n'envoient pas leurs enfants à l'école et les enfants qui ne font pas en classe tous leurs efforts pour s'instruire ne peuvent pas se dire de bons Français.

QUESTIONNAIRE. — 1. Que faut-il pour qu'un citoyen puisse jouir de ses droits et remplir ses devoirs ? — 2. Pourquoi ne suffit-il pas qu'un citoyen sache lire, écrire et compter ? — 3. Que pensez-vous de l'ignorant dans une société démocratique ? Quelles connaissances doit posséder un bon citoyen ? — 4. Dans une démocratie, l'instruction du peuple est-elle nécessaire ? Que pensez-vous des parents qui n'envoient pas leurs enfants à l'école ?

RÉSUMÉ — *Les citoyens d'un pays libre doivent s'instruire s'ils veulent jouir pleinement de leurs droits et remplir fidèlement leurs devoirs. Dans une démocratie, un ignorant est une non-valeur et souvent un danger. Les parents doivent donc envoyer leurs enfants à l'école et les enfants doivent profiter des leçons de leurs maîtres pour devenir de bons citoyens.*

35ᵉ LEÇON

REVISION

Devoirs des citoyens entre eux. — Devoirs civiques : 1° Devoir de voter. — 2° Devoir d'obéir aux lois. — 3° Devoir de payer l'impôt. — 4° Devoir militaire. — 5° Devoir de s'instruire.

29ᵉ, 30ᵉ, 31ᵉ, 32ᵉ, 33ᵉ, 34ᵉ leçons.

LECTURES A COMMENTER

1° LE DEVOIR MILITAIRE

— Quoi! mon fils, tu pleures ! dit la mère émue. Je ne te reconnais point à cette désolation ; je ne t'ai jamais vu dans cet état. Dis-moi ce qui navre ton cœur, ce qui te porte à t'asseoir seul ici, sous cet arbre? ce qui te remplit les yeux de larmes ?

L'excellent jeune homme recueillant les forces de son âme :

— Vraiment, répliqua-t-il, pour être insensible à la misère des hommes, à la détresse des exilés, il faut n'avoir pas même un cœur, et avoir une poitrine d'airain. Pour vivre en ce moment sans aucune inquiétude sur son propre bonheur et sur le bonheur de sa patrie, il faut avoir une tête entièrement dépourvue de sens. Ce que j'ai vu et entendu aujourd'hui a pénétré mon âme... Je suis sorti de la maison, j'ai porté mes regards sur le paysage admirable, étendu, qu'embrassent, autour de nous, des coteaux fertiles. J'ai contemplé les épis dorés qui déjà se penchent en gerbes au-devant de la maison, les riches fruits qui promettent de remplir nos greniers... Mais, hélas! que l'ennemi est près de nous! les flots de notre grand fleuve nous défendent : mais que peuvent les flots et les montagnes contre l'ennemi qui s'approche comme un orage, qui rassemble de toutes parts la jeunesse et la vieillesse, et va toujours en avant avec impétuosité?

Ma mère chérie, je vous déclare que je suis chagrin en ce jour d'avoir été exempté de l'enrôlement fait, il y a peu de temps, parmi nos concitoyens. Il est vrai, je suis fils unique : nos possessions et les soins d'en recueillir tous les produits sont considérables... Mais ne vaudrait-il pas mieux être placé en avant des frontières pour résister à l'ennemi, que d'attendre ici la misère et la servitude ? Oui, mon esprit animé de courage, le désir ardent qui s'élève du fond de mon cœur, me disent de vivre et de mourir pour la patrie et d'offrir un digne exemple.

Si la fleur de la jeunesse se réunissait aux frontières, déterminée par un mutuel engagement à ne point céder le terrain aux étrangers... Oh! certainement, ils ne mettraient pas le pied sur notre sol heureux : ils ne consommeraient pas sous nos yeux les fruits de notre pays ; ils n'y commanderaient point en maîtres !

Apprenez, ma mère, que j'ai fermement résolu d'exécuter bientôt, à cet instant même, ce que la raison et la justice exigent de moi. Les longues délibérations n'amènent pas toujours le choix le plus sage : apprenez que je ne rentrerai pas dans notre maison. D'ici je me rends à la ville, et je consacre à nos guerriers ce cœur et ce bras pour le service de la patrie. »

(Goethe. — *Hermann et Dorothée*. — Traduit de l'Allemand.)

REVISION

2° L'INSTRUCTION

Instruire une nation, c'est la civiliser ; y éteindre les connaissances, c'est la ramener à l'état primitif de barbarie. La Grèce fut barbare ; elle s'instruisit et devint florissante. Qu'est-elle aujourd'hui ? Ignorante et barbare (1). L'Italie fut barbare ; elle s'instruisit

(1) Dans la seconde moitié du dix-huitième siècle où Diderot écrivait. Les choses ont changé depuis lors et la Grèce a repris son rang parmi les nations civilisées.

et devint florissante; lorsque les arts et les sciences s'en éloignèrent que devint-elle? Barbare. Tel fut aussi le sort de l'Afrique et de l'Égypte, et telle sera la destinée des empires dans toutes les contrées de la terre et dans tous les siècles à venir.

L'ignorance est le partage de l'esclave et du sauvage. L'instruction donne à l'homme de la dignité, et l'esclave ne tarde pas à sentir qu'il n'est pas né pour la servitude. Le sauvage perd cette férocité des forêts qui ne reconnaît pas de maître, et prend à la place une docilité réfléchie qui le soumet et l'attache à des lois faites pour son bonheur...

Après les besoins du corps qui ont rassemblé les hommes pour lutter contre la nature, leur mère commune et leur infatigable ennemie, rien ne les rapproche davantage et ne les serre plus étroitement que les besoins de l'âme. L'instruction adoucit les caractères, éclaire sur les devoirs, subtilise les vices, les étouffe ou les voile, et accélère la naissance du bon goût dans toutes les choses de la vie.

Statue de Diderot.

Les sauvages font des voyages immenses sans se parler, parce que les sauvages sont ignorants. Les hommes instruits se cherchent; ils aiment à se voir et à s'entretenir. La science éveille le désir de la considération. On veut être désigné du doigt, et faire dire de soi : Le voilà, c'est lui ! De ce désir naissent les idées d'honneur et de gloire, et ces deux sentiments qui élèvent l'âme et qui l'agrandissent, répandent en même temps une teinte de délicatesse sur les mœurs, les procédés et les discours. J'oserais assurer que la pureté de la morale a suivi les progrès des vêtements depuis la peau de bête jusqu'à la robe de soie.

Combien de vertus délicates que l'esclave et le sauvage ignorent ! Si l'on croyait que ces vertus, fruit du temps et des lumières, sont des conventions, l'on se tromperait; elles tiennent à la science des mœurs comme la feuille tient à l'arbre qu'elle embellit.

DIDEROT.

CHAPITRE IV

RÉGIME POLITIQUE DE LA FRANCE

36ᵉ LEÇON

La Révolution française.

1. Avant 1789, l'autorité du roi était absolue. Sa volonté faisait la loi. Les États-Généraux n'étaient presque jamais consultés.

2. Aucune liberté n'existait. Personne n'était à l'abri des lettres de cachet. Les rois, en montant sur le trône, prêtaient serment d'exterminer les hérétiques. Les livres des philosophes étaient brûlés et les auteurs persécutés. Les jurandes et les maîtrises entravaient la liberté du travail. Les corporations gênaient l'industrie.

3. La plus grande inégalité régnait dans la nation. Partout le privilège et l'injustice. Au lieu de citoyens égaux, il y avait trois ordres ; au lieu de citoyens libres, il n'y avait que des sujets. Le Tiers-État supportait presque seul la charge de l'impôt. Il ne pouvait aspirer à aucun emploi, à aucune fonction publique.

4. La Révolution française a changé ce triste état de choses. Elle nous a donné la *Déclaration des Droits de l'homme et du citoyen*, proclamé d'éternels principes qui sont le fondement de nos institutions démocratiques et de notre organisation sociale.

Elle a aboli le pouvoir absolu des rois et proclamé la souveraineté nationale. La nation se gouverne elle-même.

5. Elle nous a donné toutes les libertés : liberté individuelle, liberté de conscience, liberté d'association, liberté de la presse, liberté du travail, du commerce et de l'industrie.

6. Elle a supprimé les abus et les privilèges et décrété l'égalité de tous les Français devant la loi et devant l'impôt. Le mérite seul

est exigé pour l'admissibilité aux emplois publics. Les Français ne sont plus des sujets, mais des citoyens.

7. Les grandes réformes politiques et sociales adoptées depuis la Révolution ne sont que des applications des principes de 1789.

Honneur aux hommes qui ont fait la Révolution française ! Nous leur devons une profonde reconnaissance.

QUESTIONNAIRE. — Avant 1789, comment la France était-elle gouvernée ? — 2. Le peuple avait-il quelques libertés ? — 3. Quels étaient les ordres privilégiés ? Qui supportait les impôts ? — 4. Qu'a fait la révolution ? A qui a-t-elle donné la souveraineté ? — 5. Quels sont les libertés dont nous jouissons ? — 6. N'y a-t-il pas encore des inégalités ? — 7. A qui devons-nous de la reconnaissance ?

RÉSUMÉ. — *La Révolution française a fait disparaître les abus de l'ancien régime et les inégalités sociales. Elle a aboli le pouvoir absolu des rois et proclamé la souveraineté du peuple. Elle a fait de tous les Français des hommes libres, des citoyens égaux devant la loi commune fondée sur les immuables principes de la justice et du droit.*

37ᵉ LEÇON

La République.

1. Autrefois, les rois, par droit de naissance, s'attribuaient toute l'autorité. La nation n'avait aucun droit. C'était la monarchie absolue, forme de gouvernement que nous appelons aujourd'hui autocratie, despotisme ou tyrannie. Impossible de la concilier avec le principe d'après lequel « toute souveraineté réside essentiellement dans la nation » et avec cet autre : « La loi est l'expression de la volonté générale ; tous les citoyens ont le droit de concourir personnellement ou par leurs représentants à sa formation. »

2. Un certain nombre de pays, même ceux qui ont adopté le système représentatif, ne laissent pas entièrement au peuple la direction du gouvernement ; ils conservent un pouvoir auquel on ne peut toucher, la royauté, et dont l'autorité contrebalance celle des représentants de la nation. C'est la monarchie tempérée ou parlementaire. Mais une monarchie, même parlementaire, par ce fait qu'elle est héréditaire, est incompatible avec le plein exercice de la souveraineté nationale. Un peuple abdique son autorité quand il lie ses destinées à celles d'une famille impériale ou royale.

3. Même élective, une royauté qui ne se termine qu'avec l'existence d'un roi élu, est en contradiction avec le principe de la souveraineté nationale. Il peut arriver que le roi abuse de son pouvoir,

qu'il ne soit plus d'accord avec la nation ou qu'il ne reste pas fidèle à ses engagements.

Une nation n'est souveraine que lorsqu'elle peut maintenir au pouvoir les hommes qu'elle y a portés ou les remplacer quand ils n'ont plus sa confiance.

4. Quel est donc le gouvernement le plus propre à assurer les droits que la Déclaration reconnaît aux citoyens ? C'est, sans contredit, la République, c'est-à-dire la forme de gouvernement où le pouvoir exécutif est confié à un ou plusieurs magistrats élus et non héréditaires, où tous les citoyens élisent les membres temporaires des assemblées législatives. La République est la forme de gouvernement la plus belle, la plus juste, la meilleure. Elle seule est véritablement conforme au principe de la souveraineté nationale, car elle n'oppose à la volonté nationale aucun pouvoir qui en limite ou en gêne l'expression.

5. La République assure à tous les citoyens le respect de leurs libertés et de leurs droits. Elle s'applique à réaliser sa belle devise : Liberté, égalité, fraternité. Elle est le gouvernement des hommes libres, des amis de tous les progrès politiques et sociaux, de tous ceux qui veulent la France plus grande, plus forte, plus juste, plus humaine.

QUESTIONNAIRE. — 1. Quel était le gouvernement de la France avant 1789 ? — 2. Quel gouvernement ont adopté la plupart des États de l'Europe ? Qu'est-ce que la monarchie parlementaire ? — 3. Qu'entend-on par une nation souveraine ? — 4. Quel est le gouvernement qui est le plus propre à assurer les droits politiques que la Déclaration reconnaît aux citoyens ? — 5. Qu'est-ce que la République ?

RÉSUMÉ. — *La République est la seule forme de gouvernement qui soit compatible avec la souveraineté nationale. Elle seule assure au peuple le libre exercice de sa volonté, le respect de ses libertés et de ses droits. La France est une république. On n'est pas un bon Français, respectueux des lois de son pays, si l'on n'est pas républicain.*

38ᵉ LEÇON

La constitution républicaine de 1875.

1. Bien qu'existant en fait depuis le 4 septembre 1870, et bien que M. Thiers eût reçu le 31 août 1871, le titre de président de la République française, ce fut seulement par la constitution de février 1875 que la troisième république a été organisée régulièrement et complètement.

2. Depuis 1870, la France est donc redevenue maîtresse de ses destinées, elle a reconquis sa souveraineté.

3. L'organisation des pouvoirs publics et les rapports de ces pouvoirs entre eux et avec les citoyens ont été réglés par les lois constitutionnelles de 1875.

Une constitution est donc une loi ou un ensemble de lois qui déterminent la forme du gouvernement et qui règlent l'organisation et les rapports des pouvoirs publics.

4. La constitution de 1875 déclare que le gouvernement légal de la France est la République. Elle place à la tête de l'État un président de la République élu pour sept ans par les représentants du pays.

5. La constitution de 1848 confiait au suffrage universel l'élection du président. Les députés étaient également élus par le peuple. En cas de conflit entre le président et la Chambre, il était impossible de résoudre le différend, les deux partis maintenant leurs prétentions au nom de la nation qui les avait élus. Pour éviter ces dissentiments sans issue régulière, la constitution de 1875 a décidé que le président tiendrait désormais ses pouvoirs des deux Chambres. Dès lors le président serait désarmé s'il entrait en désaccord avec les représentants du pays.

6. Dans plusieurs constitutions précédentes (1791, 1793, 1848) le pouvoir législatif était confié à une seule assemblée. L'expérience ayant démontré que les entraînements sont faciles dans une réunion d'hommes ayant à peu près les mêmes idées, on a cherché une garantie contre les décisions trop hâtives inspirées souvent par la passion du moment. Voilà pourquoi la Constitution de 1875 institue deux assemblées comme celle de 1795, un *Sénat* et une *Chambre des députés*. Sénat et Chambre forment le *Parlement*.

7. Sénateurs et députés réunis constituent l'*Assemblée nationale* qui nomme le président de la République et qui revise la constitution quand chacune des deux Chambres a décidé séparément qu'il y a lieu à revision.

La Constitution actuelle assure aux citoyens l'ordre et la liberté. Elle consacre d'une façon définitive les principes de 1789.

QUESTIONNAIRE. — 1. Quelle est la constitution qui a organisé la troisième république ? — 2. Qu'appelle-t-on les Pouvoirs publics ? — 3. Qu'appelle-t-on lois constitutionnelles ? — 4. Comment est élu le président de la République ? — 5. Comment le président était-il élu par la Constitution de 1848 ? — 6. A combien d'assemblées le pouvoir législatif est-il confié ? — 7. Qu'appelle-t-on Assemblée nationale ? Dans quelle condition la Constitution peut-elle être revisée ?

RÉSUMÉ. — *La Constitution de 1875 déclare que le gouvernement légal de*

*la France est la République. Elle organise le pouvoir législatif (Sénat et Chambre
des députés) et le pouvoir exécutif (président de la République et ministres
responsables). Elle peut être revisée par une Assemblée nationale composée de
tous les membres du Parlement (sénateurs et députés réunis).*

39ᵉ LEÇON

Le suffrage universel. — Électeurs. — Éligibles.

1. Le suffrage universel est le droit de vote accordé à tous les
citoyens majeurs d'un pays. Il est la base de notre constitution républicaine. Il nous a été donné par la Révolution de 1848.

2. C'est une des plus précieuses conquêtes de la démocratie.
Sous le régime de la Charte de 1814 il fallait payer 300 francs d'impôt pour être électeur et 1.000 francs pour être éligible. 90.000 citoyens pouvaient prendre part au vote, 15.000 étaient éligibles.
Sous la monarchie de juillet 200.000 électeurs seulement nommaient
les députés. Les citoyens les plus instruits, les plus honorables,
n'avaient pas le droit de voter, s'ils ne payaient pas le chiffre minimum d'impôts exigés.

3. Le peuple français fit la Révolution de 1848 pour obtenir l'extension du droit de vote. La constitution de 1848 proclama que « le
suffrage est direct et universel; que tous les Français âgés de vingt
et un ans et jouissant de leurs droits civils et politiques sont
électeurs.

4. Ne sont pas électeurs les femmes, les militaires de tous grades
et de toutes armes des armées de terre et de mer, les faillis, les
interdits et les individus qui, par suite de condamnation judiciaire
ont été privés de leurs droits civils et politiques.

5. Dans chaque commune, on dresse une liste de tous les citoyens
qui ont le droit de voter. C'est la *liste électorale.* Il faut être inscrit
sur cette liste pour recevoir, chaque fois qu'une élection doit avoir
lieu, une carte électorale qui permet de prendre part au vote. Les
listes électorales sont revisées au commencement de chaque année
et définitivement closes le 31 mars. La commission chargée de
dresser les listes électorales se compose du maire ou de l'adjoint,
président, d'un délégué nommé par le conseil municipal et d'un
délégué administratif nommé par le préfet. Tout citoyen indûment
omis a le droit d'y réclamer son inscription. Il a également le droit

de demander la radiation d'un individu indûment inscrit ou l'inscription d'un électeur indûment omis.

6. On peut être électeur et ne pas être *éligible*. L'éligibilité est

Carte d'Électeur.

la réunion des conditions nécessaires pour être élu. Il faut avoir 25 ans pour être éligible au conseil municipal, au conseil d'arrondissement, au conseil général et à la Chambre des députés. Il faut avoir 40 ans pour être éligible au Sénat. L'éligible qui sollicite des suffrages s'appelle *candidat*.

QUESTIONNAIRE. — 1. Qu'est-ce que le suffrage universel ? — 2. Qu'était-ce que le régime censitaire ? — 3. Quel gouvernement a définitivement établi le suffrage universel ? — 4. Qu'est-ce qu'un électeur ? -- 5. Qu'est-ce qu'une liste électorale ? — 6. Qu'est-ce qu'un éligible ?

RÉSUMÉ. — *Le suffrage universel est le droit de voter attribué à tous les citoyens majeurs d'un pays, sauf certaines incapacités prévues par la loi. Un électeur est tout citoyen français, âgé de 21 ans, en possession du droit de voter. L'éligible est celui qui peut solliciter les suffrages de ses concitoyens pour devenir conseiller municipal, conseiller d'arrondissement, conseiller général, député, sénateur.*

40ᵉ LEÇON

Formes et conditions de vote. — Scrutin de liste. — Scrutin uninominal. — Majorité absolue, majorité relative. — Opérations électorales.

1. La loi n'a pas seulement fixé les conditions de l'électorat et de l'éligibilité, elle a déterminé aussi les formes et les conditions du vote. Le vote doit avoir lieu dans un édifice public ouvert à tous

les électeurs, à la mairie, par exemple ou dans un local désigné par l'autorité. Il doit être *secret*. Le bulletin de vote de chaque citoyen doit être plié, fermé et ne porter aucun signe extérieur. Comme la forme extérieure du bulletin, la couleur, la transparence du papier ou son plus ou moins de finesse peuvent trahir parfois le suffrage de l'électeur, il est question d'enfermer le bulletin de vote dans une enveloppe.

2. Certaines élections ont lieu au *scrutin de liste*, d'autres au scrutin *uninominal*. Ainsi, pour former le conseil municipal, les électeurs ayant à nommer à la fois plusieurs mandataires, inscrivent sur leur bulletin de vote autant de noms qu'il y a de membres à nommer : c'est ce qu'on appelle le scrutin de liste. Ce mode d'élection est employé pour nommer les sénateurs, les conseillers d'arrondissement quand il y en a plusieurs à élire dans un canton, les conseillers municipaux, les délégués sénatoriaux, les juges du tribunal de commerce, etc.

S'il n'y a qu'un seul membre à élire, le bulletin ne porte qu'un seul nom : c'est ce qu'on appelle le *scrutin uninominal*. Les députés, les conseillers généraux, les conseillers d'arrondissement quand il n'y en a qu'un à nommer, les conseillers municipaux de Paris, etc., sont élus au scrutin uninominal.

3. Pour être élus au premier tour de scrutin, les candidats doivent obtenir la moitié plus un des suffrages exprimés, c'est ce qu'on appelle la *majorité absolue ;* ils doivent réunir, en même temps, *au moins le quart des électeurs inscrits*. Si aucun des candidats n'a obtenu la majorité absolue, on procède à un second tour de scrutin pour lequel il suffit d'avoir la *majorité relative*, c'est-à-dire plus de voix que les autres concurrents pour être élu.

4. Le bureau de vote est présidé par le maire, ou l'adjoint ou par un conseiller municipal. Les deux plus âgés et les deux plus jeunes électeurs présents, sachant lire et écrire, remplissent les fonctions d'*assesseurs*. Le bureau désigne le secrétaire. Trois membres, au moins, doivent toujours être présents au bureau.

L'entrée de la salle n'est permise qu'aux électeurs de la section. Elle est interdite aux personnes armées. L'électeur présente sa carte et donne son bulletin plié au président qui le dépose dans l'urne.

Un membre du bureau fait une marque qu'on appelle émargement en face du nom de l'électeur sur une liste préparée à cet effet.

Le dépouillement du scrutin est public. Pendant cette opération, les électeurs doivent pouvoir circuler autour de la table où siègent les scrutateurs. Procès-verbal des opérations est dressé en double expédition par le secrétaire et le résultat du scrutin aussitôt connu est proclamé par le président.

RÉSUMÉ. — *Le vote doit avoir lieu dans un édifice public ou dans un local désigné par l'autorité. Il doit être secret. Le mode d'élection dans lequel l'électeur inscrit sur son billet autant de noms qu'il y a de membres à nommer, s'appelle scrutin de liste. Le mode d'élection dans lequel l'électeur n'inscrit qu'un nom se nomme scrutin uninominal. On a la majorité absolue quand on réunit la moitié plus un des suffrages exprimés ; la majorité relative consiste à avoir plus de voix que les autres. Le maire ou son délégué préside les opérations électorales et proclame le résultat du scrutin.*

41e LEÇON

Élection des députés et des sénateurs.

1. Les députés sont nommés directement par le suffrage universel, au scrutin d'arrondissement. Chaque arrondissement, quelle que soit sa population, élit au moins un député. Les arrondissements qui comptent plus de 100.000 habitants, nomment un député de plus pour chaque centaine de mille ou fraction de centaine de mille en plus. Il y a, en outre, 1 député pour le territoire de Belfort, 6 pour l'Algérie et 10 pour les colonies, soit pour toute la France et les colonies, un total d'environ 580 députés.

2. Pour être nommé député, il faut : 1° être Français ; 2° avoir au moins vingt-cinq ans ; 3° jouir de ses droits civiques. — Le vote a lieu au chef-lieu de chaque commune. Les communes importantes, c'est-à-dire celles qui comptent un grand nombre d'habitants, sont divisées en autant de sections qu'il est nécessaire.

3. L'élection d'un député, au premier tour de scrutin, n'est valable que si elle satisfait aux conditions indiquées dans la leçon précédente. Si elle n'y satisfait pas, il faut procéder à un 2e tour de scrutin, quinze jours après le premier tour, c'est le *scrutin de ballottage.* Il suffit alors au candidat d'avoir la *majorité relative,* c'est-à-dire plus de *voix* que ses concurrents pour être élu. Aucun

citoyen ne peut être candidat dans plusieurs circonscriptions à la fois.

4. Les députés sont élus pour quatre ans. A l'expiration de cette période, la Chambre est renouvelée intégralement. Les députés sortants sont toujours rééligibles. La Chambre vérifie elle-même les pouvoirs de ses membres. Si les opérations n'ont pas été régulières, elle annule l'élection et le gouvernement la fait recommencer. — La Chambre des députés siège à Paris, au Palais-Bourbon.

5. Le Sénat est élu par le suffrage universel à plusieurs degrés. Il se compose de 300 membres élus. La constitution de 1875 avait institué 75 sénateurs élus à vie par leurs collègues et appelés pour cette raison *inamovibles*. Une loi de 1884 a prescrit la suppression des sénateurs inamovibles au fur et à mesure de leur extinction. Chaque département élit un nombre de sénateurs déterminé par la loi.

6. Pour être élu sénateur, il faut être Français, jouir de ses droits civiques et avoir 40 ans. — Dans chaque département, les sénateurs sont élus par un *collège électoral* réuni au chef-lieu et comprenant : 1° les députés du département ; 2° les conseillers généraux ; 3° les conseillers d'arrondissement ; 4° des délégués des conseils municipaux. Le vote a lieu au scrutin de liste et il peut y avoir trois tours de scrutin.

7. Pour être élus sénateurs, les candidats doivent réunir la majorité absolue aux deux premiers tours de scrutin. La majorité relative suffit au troisième tour.

8. Les sénateurs sont nommés pour neuf ans avec renouvellement par tiers, tous les trois ans. Les départements sont divisés en trois séries qui, à tour de rôle, élisent des sénateurs nouveaux en remplacement de ceux dont le mandat est expiré et qui sont d'ailleurs rééligibles. Comme les députés, les sénateurs vérifient eux-mêmes les pouvoirs de leurs membres. — Le Sénat siège à Paris, au palais du Luxembourg.

QUESTIONNAIRE. — 1. Comment les députés sont-ils nommés ? — 2. Que faut-il pour être nommé député ? — 3. Quel nombre de voix doit réunir le candidat pour être élu ? — 4. Pour combien de temps les députés sont-ils élus ? — 5-6. Par qui le Sénat est-il élu ? — 7-8. Quel nombre de voix doit réunir le candidat-sénateur pour être élu et quelle est la durée du mandat d'un sénateur ?

RÉSUMÉ. — *Les députés sont élus directement par le suffrage universel pour une durée de quatre ans, à raison d'un député au moins par arrondissement.*
Les sénateurs sont élus au suffrage restreint pour une durée de neuf ans avec renouvellement par tiers tous les trois ans.

42ᵉ LEÇON

REVISION

36ᵉ, 37ᵉ, 38ᵉ, 39ᵉ, 40ᵉ et 41ᵉ leçons.

1. La Révolution française. — 2. La République. — 3. La constitution républicaine de 1875. — 4. Le suffrage universel. — 5. Formes et conditions de vote. — 6. Élections des députés et des sénateurs.

LECTURE A COMMENTER

LA RÉPUBLIQUE

Un homme ne peut incarner la République, non ! Il peut la représenter comme fonctionnaire, il doit la défendre comme citoyen ; mais ce n'est que par les efforts de tous les bons citoyens que ce gouvernement peut vivre et prospérer. Et c'est précisément dans ce caractère collectif, unanime, général, du gouvernement républicain que se trouvent son excellence et sa supériorité.

Léon Gambetta.

Les autres gouvernements, en effet, ne peuvent vivre ou par la domination d'un maître, trompeur ou despote, qui s'impose par la force, ou par une sorte de privilège constitué dans une famille, qui hérite d'un peuple comme d'une terre, et qui le transmet à ses héritiers avec autant de sans façon.

C'est là ce qui fait que le régime républicain offre des garanties sérieuses même contre l'incapacité, contre les hasards de la naissance, contre les infirmités, contre les passions, contre les vices d'un seul homme. Aussi faut-il bien se garder parmi nous, de jamais faire du régime républicain l'apanage d'un seul homme ; il faut en faire, au contraire, un régime qui change de mains, qui est mobile, et qui va, par l'élection, par le choix, tous les jours

plus assuré, plus juste et plus moral, au plus digne. Quand celui-ci
a fait son temps, on le remplace, la nation étant appelée à se
donner ainsi pour premier magistrat, — et non pas pour maître,
— le plus intelligent et le plus expérimenté, le plus digne.

C'est pourquoi la République est, par excellence, le régime de
la dignité humaine, le régime du respect de la volonté nationale.
C'est le régime qui peut, seul, supporter la liberté de tous ; qui,
seul, peut faire les affaires d'un peuple qui a besoin de communiquer avec lui-même, de se réunir, de s'associer, d'exiger des
comptes, de critiquer, d'examiner, en un mot, de diriger ses propres intérêts et de changer ses intendants quand ils ont mal agi.

Voilà le régime républicain.

GAMBETTA.

(*Discours*. G. Charpentier, édit.'

CHAPITRE V

LES POUVOIRS DE L'ÉTAT
LES MINISTÈRES

43ᵉ LEÇON
Les pouvoirs de l'État.

1. La nation française est une grande société qui se gouverne elle-même. Pour cela, elle choisit un certain nombre de citoyens qui s'occupent de l'administration du pays. Ces agents exercent temporairement leurs fonctions au nom de la nation et sous son autorité.

2. L'ordre et le progrès ne peuvent être assurés dans la société que si tous les citoyens se soumettent aux lois. C'est pour maintenir tous les citoyens sous l'autorité de la loi, que les délégués de la nation exercent leurs diverses fonctions. Il faut, tout d'abord, établir la loi, ensuite en assurer l'exécution et enfin en punir la violation. De là, trois pouvoirs : le *pouvoir législatif*, le *pouvoir exécutif*, le *pouvoir judiciaire*.

3. L'article 16 de la Déclaration des droits de l'homme dit : *Toute société dans laquelle la garantie des droits n'est pas assurée, ni la séparation des pouvoirs déterminée, n'a point de constitution.* Dans toutes les constitutions libérales, les trois pouvoirs sont séparés et confiés à des agents différents. — *La séparation des pouvoirs est la première condition d'un gouvernement libre*, dit la constitution de 1848. Il y a danger, et l'histoire le prouve, à concentrer toute la puissance publique dans un même homme ou dans un même groupe d'hommes. Quand les trois pouvoirs sont réunis entre les mains d'une assemblée ou d'un monarque, il n'y a point de contrôle possible des uns par les autres, et il est à craindre que l'excès de puissance entraîne à sa suite la tyrannie et les abus. C'est ce qui avait lieu autrefois ; le roi faisait les lois et les interprétait ; c'était le régime du bon plaisir et du despotisme.

4. Cependant si, pour garantir la liberté, les pouvoirs doivent être séparés, pour assurer la marche régulière des affaires publiques, il est nécessaire qu'il y ait entre eux une sorte d'accord. Voilà pourquoi la constitution qui règle l'organisation des pouvoirs publics, détermine les attributions spéciales de chacun, définit les rapports qu'ils auront entre eux et les subordonne dans une certaine mesure les uns aux autres.

5. Ces trois pouvoirs ne représentent pas la nation au même titre, ni au même degré. Seul, le pouvoir législatif est l'agent direct de la souveraineté nationale. C'est lui qui donne au pouvoir exécutif et au pouvoir judiciaire l'autorité au nom de laquelle ils l'exercent. C'est lui qui nomme le Président de la République, qui maintient au pouvoir les ministres ou qui les oblige à se retirer, c'est le pouvoir dominant de l'État. Aussi donne-t-on à ce régime gouvernemental le nom de *régime parlementaire*.

QUESTIONNAIRE. — 1. Qu'appelle-t-on les Pouvoirs de l'État ? — 2. Combien y a-t-il de pouvoirs principaux ? Nommez-les. — 3. Que dit la Déclaration des droits concernant la séparation des pouvoirs ? — 4. Pourquoi dans un pays libre le pouvoir législatif a-t-il la prépondérance ?

RÉSUMÉ. — *Les pouvoirs de l'État sont constitués par des groupes de délégués exerçant temporairement, au nom de la nation et sous son autorité, les fonctions que leur a confiées la volonté nationale. Ce sont : le pouvoir législatif qui établit la loi, le pouvoir exécutif qui en assure l'exécution et le pouvoir judiciaire qui en punit la violation.*

44ᵉ LEÇON

Le pouvoir législatif. — Ses attributions.

1. Le pouvoir législatif est le pouvoir qui fait les lois et qui en contrôle l'exécution. Il est exercé par deux assemblées, la *Chambre des députés* et le *Sénat*. Ces deux assemblées forment le *Parlement*. La Chambre des députés émane directement du suffrage universel. Le Sénat est l'émanation indirecte du suffrage universel.

2. La Chambre des députés et le Sénat ont des attributions particulières. Chacune des deux Chambres a le *droit d'initiative* et participe également à la confection ou à la modification des lois. Les membres du Parlement ont la liberté la plus complète dans la discussion des lois. Tous peuvent y prendre part et proposer

des amendements aux projets qui leur sont soumis. C'est le droit de *discussion* et *d'amendement*. — Quand le pouvoir législatif s'est prononcé, a voté une loi, le pouvoir exécutif doit promulguer la loi et la faire exécuter. Aucun obstacle ne doit tenir en échec la volonté du Parlement.

3. Les deux Chambres votent le budget, c'est-à-dire dressent le tableau annuel des recettes et des dépenses de l'État. Elles contrôlent les actes du pouvoir exécutif; elles adressent des questions ou des interpellations aux ministres responsables (V. Leçon 24, § 6). Le Parlement donne au pouvoir exécutif l'autorisation de déclarer la guerre, de signer les traités de paix ou de commerce, d'annexer des territoires, etc. Les Chambres, réunies en *Assemblée nationale* ou *Congrès*, nomment le Président de la République et peuvent réviser la constitution (V. Leçon 38, § 7).

4. La Chambre des députés a le droit de voter la première, la loi de finances qui fixe le budget. Elle peut aussi mettre en accusation devant le Sénat, les ministres, pour crimes commis dans l'exercice de leurs fonctions et le Président de la République pour violation de la constitution.

5. En cas de conflit entre la Chambre des députés et le pouvoir exécutif, le Sénat peut autoriser le Président de la République à dissoudre la Chambre. Il peut être constitué en *haute cour de justice* pour juger le Président de la République, les ministres ou même des particuliers coupables d'attentat contre la sûreté de l'État.

6. Nous avons vu, à la leçon 38, § 6, la raison pour laquelle la constitution de 1875 a prévu deux assemblées : Chambre des députés et Sénat, pour constituer le pouvoir législatif.

QUESTIONNAIRE. — 1. Qu'est-ce que le pouvoir législatif ? Par qui est-il exercé ? — 2. Qu'entendez-vous par droit d'initiative, de discussion, d'amendement ? — 3. Quelles sont les attributions communes des deux Chambres ? — 4. Quelles sont les attributions particulières de la Chambre des députés ? — 5... du Sénat ? — 6. Pourquoi deux assemblées qui ont à peu près les mêmes attributions ?

RÉSUMÉ. — *Le pouvoir législatif établit les lois et en contrôle l'exécution. Il est exercé par deux assemblées élues : la Chambre des députés et le Sénat. Ces deux assemblées forment le Parlement. Elles votent le budget et contrôlent les actes du pouvoir exécutif. Réunies en Congrès, elles nomment le Président de la République et peuvent modifier la Constitution. La Chambre a le droit de voter la première la loi de finances qui fixe le budget. Le Sénat peut donner au Président de la République l'autorisation de dissoudre la Chambre.*

45e LEÇON

Le Pouvoir exécutif. — I. Le Président de la République.

1. Le Président de la République est le chef du pouvoir exécutif, le délégué suprême de la nation, le représentant de la France auprès des puissances étrangères. Il est élu par tous les membres du Parlement (députés et sénateurs) réunis en *Assemblée nationale* ou *Congrès*, à Versailles, et à la majorité des suffrages.

2. Sous le régime de la constitution de 1848, le Président de la République était nommé directement par le suffrage universel. Il y avait là un danger. Élu par un nombre de suffrages bien supérieur à celui que pouvait obtenir chaque membre du Corps législatif, le Président de la République était porté à vouloir dominer le pouvoir législatif, à confisquer la souveraineté nationale à son profit. L'histoire nous en fournit un exemple : Louis-Napoléon Bonaparte, par le coup d'État du 2 décembre, viola la constitution qu'il avait juré de respecter et de défendre et établit un gouvernement personnel sur les ruines de la République.

Au contraire, élu par le Congrès, le Président ne peut entrer en conflit avec le pouvoir législatif qui le nomme, ni abuser de son autorité pour tenir en échec la volonté des Chambres.

3. La durée des pouvoirs du Président de la République est de sept ans. Dans le cas de démission ou de mort du Président, le Congrès se réunit immédiatement pour le remplacer. Si le Président arrive au terme légal de son mandat, les Chambres sont réunies en Assemblée nationale un mois avant l'expiration de ses pouvoirs, pour procéder à la réélection où à l'élection d'un nouveau Président.

4. Le Président de la République est le chef du gouvernement, mais il ne gouverne pas lui-même : il n'a *aucune responsabilité politique ou administrative*. Il préside le conseil des ministres, mais seules les résolutions prises par la majorité des ministres sont exécutoires. Comme délégué suprême de la nation, il a un devoir essentiel à remplir : respecter et maintenir la constitution telle qu'elle a été votée au Congrès. Le Président de la République n'est responsable que dans le cas de haute trahison. Il est alors mis en accusation par la Chambre des députés et jugé par le Sénat.

5. Le Président de la République nomme les ministres ; il nomme à tous les emplois civils et militaires sur la proposition des

ministres ; il préside aux solennités nationales ; il a le droit de convoquer les Chambres, de les ajourner et de clore leurs sessions, mais sous certaines réserves ; il peut, sur l'avis conforme du Sénat, dissoudre la Chambre des députés ; il peut présenter des projets de lois aux Chambres et communiquer avec elles par des messages ; il promulgue les lois votées par les deux Chambres, il en surveille et en assure l'exécution ; il a le droit de grâce, c'est-à-dire qu'il peut faire remise partielle ou totale à un condamné de la peine qui lui a été infligée ; il négocie et ratifie les traités avec les puissances étrangères, il en donne connaissance aux Chambres aussitôt que l'intérêt et la sûreté de l'État le permettent : il déclare la guerre, mais seulement avec l'assentiment préalable des deux Chambres. — La Constitution impose au Président de la République l'obligation de n'agir que par l'intermédiaire des ministres. (Montrer un portrait de M. Fallières et esquisser une petite biographie. — Montrer une loi ou un décret et faire remarquer qu'à côté de la signature du Président, figure celle d'un ministre.)

QUESTIONNAIRE. — 1. Qu'est-ce que le Président de la République ? Par qui est-il élu ? — 2. D'après la Constitution de 1848, qui élisait le président ? Quel est le mode d'élection qui vous paraît le meilleur et pourquoi ? — 3. Quelle est la durée des pouvoirs du président ? — 4. Dans quel cas seulement le président est-il responsable ? — 5. Quelles sont les attributions du Président de la République ?

RÉSUMÉ. — *Le Président de la République est le chef du pouvoir exécutif. Il est élu pour sept ans par le Congrès. Il nomme les ministres ; il nomme à tous les emplois civils et militaires ; il peut dissoudre la Chambre des députés avec l'autorisation du Sénat ; il promulgue les lois votées par les Chambres et en assure l'exécution ; il a le droit de grâce, il négocie et ratifie les traités avec les puissances étrangères ; il ne peut déclarer la guerre sans l'assentiment préalable des deux Chambres.*

46ᵉ LEÇON

II. Les Ministres.

1. Les ministres sont les chefs de service qui dirigent les immenses administrations chargées d'étudier et de régler les affaires publiques. — Quand il y a lieu de constituer un *ministère*, le Président de la République fait généralement appeler le président de la Chambre des députés et le président du Sénat pour s'entretenir avec eux de la situation politique. Il consulte également les hommes politiques les plus en vue, qui sont aptes à le renseigner exactement sur les intentions de la majorité. Il choisit ensuite un homme

politique jouissant de la confiance des deux Chambres, il lui réserve la *présidence du conseil* et le charge de former le Cabinet. Celui-ci à son tour choisit les autres ministres et les présente à l'agrément du chef de l'État.

Quand le ministère est constitué, il se présente devant les Chambres auxquelles il fait connaître dans une déclaration appelée *déclaration ministérielle* la politique qu'il se propose de suivre. L'approbation des Chambres consacre le choix du Président de la République.

2. Le conseil des ministres gouverne la France sous le contrôle de la Chambre des députés et du Sénat. Il se réunit une ou plusieurs fois par semaine sous la présidence du chef de l'État ou du président du conseil pour s'occuper de questions importantes concernant les affaires de l'État tant à l'intérieur qu'à l'extérieur. Les décisions prises au conseil des ministres engagent la *responsabilité collective* du cabinet tout entier.

3. Les ministres sont tenus de répondre aux questions et aux interpellations qui leur sont adressées soit sur leurs actes, soit sur ceux de leurs subordonnés. Si leur politique cesse d'avoir l'approbation de la Chambre des députés, le ministère tout entier remet sa démission au Président de la République qui s'occupe de former un nouveau ministère.

4. En dehors de la *responsabilité collective* chaque ministre est *personnellement responsable* des actes de son administration, des décisions qu'il prend sans en référer au conseil des ministres, telles que arrêtés, circulaires, etc. Si un ministre est l'objet d'un vote de blâme, il doit se retirer. Ce droit de blâme n'est en général exercé que par la Chambre des députés.

5. Paris est le siège de tous les ministères. Dans chacun d'eux les affaires sont réparties entre un certain nombre de *divisions* ou *bureaux* qui sont en relations constantes avec les principaux fonctionnaires des départements. Il y a actuellement douze ministères en France; ce sont : 1° les ministères de l'Intérieur; 2° des Finances; 3° de l'Instruction publique et des Beaux-Arts; 4° de la Justice; 5° des Affaires étrangères; 6° de la Guerre; 7° de la Marine; 8° des Colonies; 9° du Commerce et de l'Industrie; 10° de l'Agriculture; 11° des Travaux publics; 12° du Travail et de la Prévoyance sociale.

QUESTIONNAIRE. — 1. Qu'est-ce qu'un ministre ? Par qui un ministère est-il constitué et comment ? — 2. Quel est le rôle du Conseil des ministres ? — 3. Qu'entend-on par « responsabilité ministérielle » ? — 4. Dans quel cas un ministre est-il personnellement responsable ? — 5. Combien y a-t-il de ministères aujourd'hui en France et quels sont-ils ?

Résumé. — *Les ministres sont des agents du pouvoir exécutif chargés d'assurer les divers services de l'administration qui leur est confiée. L'un d'eux porte le titre de président du Conseil. Le Conseil des ministres gouverne la France sous le contrôle des Chambres. Les ministres répondent aux interpellations qui leur sont adressées soit sur leurs actes, soit sur ceux de leurs subordonnés. S'ils sont l'objet d'un vote de blâme ou de défiance, ils donnent leur démission, c'est ce qu'on appelle la responsabilité ministérielle.*

Il y a actuellement 12 ministères : les ministères de l'Intérieur, des Finances, de l'Instruction publique et des Beaux-Arts, de la Justice, des Affaires étrangères, de la Guerre, de la Marine, des Colonies, du Commerce et de l'Industrie, de l'Agriculture, des Travaux publics, du Travail et de la Prévoyance sociale.

47ᵉ LEÇON

Les Ministères.

(Intérieur, Instruction publique et Beaux-Arts, Affaires étrangères.)

1. *Le ministre de l'Intérieur* dirige les affaires intérieures du pays et veille à l'exécution des lois relatives à l'administration de la France. Il exerce son autorité par l'intermédiaire des préfets, des sous-préfets et des maires. Il est chargé du maintien de l'ordre public. Ce ministère comprend plusieurs grandes directions : *la direction du personnel* (préfets, sous-préfets, secrétaires généraux, conseillers de préfecture, élections, etc.) ; *l'administration départementale et communale* (division politique et administrative du pays, dénombrement de la population, etc.) ; *l'assistance publique* (établissements de bienfaisance, aliénés, hygiène, etc.); *l'administration pénitentiaire* (prisons en général, maisons centrales, etc.); *la sûreté générale* (commissaires de police, cafés, cabarets, etc.).

2. Le *ministre de l'Instruction publique et des Beaux-Arts* dirige l'enseignement public à ses trois degrés. Il est aidé par les directeurs des trois ordres d'enseignement, les inspecteurs généraux, les recteurs, etc. Sur les questions de programmes et sur les réformes à introduire, le ministre prend l'avis du Conseil supérieur de l'instruction publique. Il a sous sa direction les Beaux-Arts (peinture, sculpture, architecture, musique, théâtres). Il veille à la conservation de nos chefs-d'œuvre. Il a sous sa surveillance les monuments historiques, les palais nationaux, les musées, le Conservatoire de musique et de déclamation, l'École des Beaux-Arts de Paris et l'Académie de France à Rome.

3. Le *ministre des Affaires étrangères* dirige nos relations

politiques et commerciales avec les autres nations. Les relations politiques entre pays différents ont lieu par l'intermédiaire des agents diplomatiques (ambassadeurs, ministres plénipotentiaires, chargés d'affaires) que la France entretient près des autres puissances, et par celui des agents que ces puissances entretiennent près de nous. Le ministre des Affaires étrangères envoie ses instructions aux ambassadeurs français accrédités auprès des gouvernements étrangers. Les ambassadeurs renseignent le ministre sur les dispositions des souverains et des peuples et sur tout ce qui peut intéresser notre pays.

Le ministre a aussi sous ses ordres des agents consulaires (consuls ou vice-consuls), chargés de sauvegarder nos intérêts commerciaux à l'étranger. Agents diplomatiques et consulaires veillent à la sécurité de nos nationaux et remplissent les fonctions d'officier de l'état civil.

Le ministre des Affaires étrangères négocie les traités et conventions avec les agents étrangers accrédités auprès de l'État. Il rédige tous les actes publics concernant les relations internationales de la France (traités d'alliance, de paix, d'extradition, etc.).

QUESTIONNAIRE. — 1. Quelles sont les attributions du ministre de l'Intérieur ? Comment exerce-t-il son autorité ? Comment ce ministère est-il organisé ? — 2. Quelles sont les attributions du ministre de l'Instruction publique et des Beaux-Arts ? — 3. ... du ministre des Affaires étrangères ? Qu'appelle-t-on ambassadeur, consul ?

RÉSUMÉ. — *Le ministre de l'Intérieur dirige l'administration du pays et veille au maintien de l'ordre public. Il a sous son autorité les préfets, les sous-préfets et les maires.*

Le ministre de l'Instruction publique et des Beaux-Arts est chargé de l'enseignement public à ses trois degrés. Il a sous sa direction les Beaux-Arts (peinture, sculpture, architecture, musique, théâtres).

Le ministre des Affaires étrangères dirige nos relations politiques et commerciales avec les autres nations par l'intermédiaire des ambassadeurs et des consuls. Il négocie les traités avec les puissances étrangères et rédige tous les actes publics concernant les relations internationales de la France.

48ᵉ LEÇON

Les Ministères (suite).

(Guerre, Marine, Colonies, Justice, Finances, Travaux publics.)

1. *Le ministre de la Guerre* est le chef suprême de l'armée de terre. Il a pour mission d'assurer le recrutement et l'instruction mili-

taire des soldats de toutes armes, l'exécution des lois concernant le service militaire et par suite la sécurité du territoire. Il ordonne les armements, les travaux de fortifications, il répartit les troupes sur l'étendue du pays et prépare les plans de mobilisation. Il adresse au Président de la République des propositions pour la nomination des officiers de tous grades.

2. *Le ministre de la Marine* dirige tous les services de l'armée de mer ou flotte. Il assure le recrutement de la marine, veille à l'entretien des arsenaux maritimes, à la construction des navires de guerre, à la défense des côtes et des colonies.

3. *Le ministre des Colonies* administre notre empire colonial par l'intermédiaire des *gouverneurs* et des *résidents*. L'Algérie a à sa tête, un gouverneur général qui dépend du ministre de l'Intérieur.

4. *Le ministre de la Justice* est le chef du pouvoir judiciaire. Il surveille le fonctionnement de la justice en France et aux colonies. On l'appelle aussi le *garde des sceaux* parce qu'il avait, autrefois, la garde des sceaux ou cachets que les rois faisaient apposer sur tous les actes écrits. Il est de droit président du Conseil d'État. Tous les tribunaux sont placés sous son autorité. C'est sur sa proposition que le Président de la République nomme tous les magistrats.

5. *Le ministre des Finances* prépare le budget; il s'assure que les impôts sont régulièrement perçus et contrôle le paiement des sommes affectées à tous les services de l'État. Il a sous sa direction les administrations des contributions directes et indirectes, de l'enregistrement, des domaines et des douanes.

6. *Le ministre des Travaux publics* dirige les travaux exécutés dans l'intérêt du pays et aux frais de l'État. Ainsi, la construction et l'entretien des routes nationales, des canaux, des ponts, des rivières et fleuves navigables, des travaux des ports, etc. Il a sous ses ordres les ingénieurs des ponts et chaussées et des mines, les conducteurs des ponts et chaussées. Il surveille l'exécution et l'exploitation des chemins de fer. Ceux de l'État sont sous sa direction exclusive.

7. Au ministère des Travaux publics est rattaché l'important service des Postes et Télégraphes. Ce service est confié à un sous-secrétaire d'État qui a sous ses ordres des directeurs départementaux, des inspecteurs, des receveurs, un grand nombre de commis et de facteurs.

QUESTIONNAIRE. — 1. Quelles sont les attributions du ministre de la Guerre? — 2. ... du ministre de la Marine ? — 3. ... du ministre des Colonies? — 4. ... du ministre de la Justice ? — 5. ... du ministre des Finances ? — 6. ... du ministre des Travaux publics ? — 7. A qui est confié l'important service des Postes et Télégraphes ? .

Résumé. — Le ministre de la Guerre a pour mission d'assurer le recrutement et l'instruction militaire des soldats de toutes armes et par suite la sécurité du pays. Le ministre de la Marine dirige tous les services concernant l'armée de mer. Le ministre des Colonies administre notre empire colonial. Le ministre de la Justice assure le fonctionnement de la Justice en France et aux colonies. Le ministre des Finances veille à la bonne administration des finances de l'État. Le ministre des Travaux publics dirige les travaux exécutés dans l'intérêt du pays et aux frais de l'État.

49ᵉ LEÇON

Les Ministères (fin).

(Agriculture, Commerce et Industrie, Travail et Prévoyance sociale.)

1. *Le ministre de l'Agriculture* est chargé : 1º *de la direction de l'agriculture* (enseignement agricole, statistique, encouragements à l'agriculture, inspection, concours, etc.); 2º *de la direction des forêts;* 3º *de la direction de l'hydraulique agricole* (transformation des marais et des terres incultes en terres fertiles, drainage, irrigation ; 4º *de la direction des haras* (développement et amélioration de la race chevaline).

Ce ministre a également sous sa direction des écoles vétérinaires (Alfort, Lyon et Toulouse), de l'Institut national agronomique de Paris, des différentes écoles d'agriculture : Grignon (Seine-et-Oise), Grand-Jouan (Seine-Inférieure), Montpellier (Hérault); des fermes-écoles et de l'école forestière de Nancy, dont l'enseignement concerne l'aménagement et l'exploitation des forêts, le reboisement et le gazonnement.

2. *Le ministre du Commerce* est chargé des intérêts du commerce national et de l'industrie. Ce ministère comprend : 1º *la direction du personnel et de l'enseignement technique* (personnel, enseignement professionnel, exposition, etc.); 2º *la direction du commerce intérieur* (chambres de commerce, arts et manufactures, etc.); 3º *de la direction du commerce extérieur* (douanes, renseignements commerciaux, statistiques, etc.).

Le ministre négocie les traités de commerce avec les autres nations. Ces traités ont une très grande influence sur l'importation et l'exportation des marchandises.

Des *chambres de commerce* sont établies dans les villes les plus commerçantes. Elles étudient tout ce qui concerne les intérêts commerciaux et en entretiennent le ministre.

Le ministre du Commerce dirige les grandes écoles industrielles : l'École centrale, le Conservatoire des arts et métiers à Paris, les écoles d'Arts et Métiers établies à Aix, Châlons-sur-Marne, Angers, Lille ; les écoles supérieures de commerce ainsi que les écoles professionnelles de Voiron, Vierzon, Armentières et Nantes.

3. *Le ministre du Travail et de la Prévoyance sociale* est chargé de « chercher et de trouver les solutions propres à procurer, par des moyens légaux appropriés, aux travailleurs de toutes les industries, plus de bien-être dans le présent et pour l'avenir plus de sécurité ». Le but que poursuit le ministre est d'organiser partout le travail sur des bases solides et durables.

Au ministère du Travail est rattachée la direction de la mutualité et de la prévoyance sociale (assurances, Caisses d'épargne, de retraites, etc.).

QUESTIONNAIRE. — 1. Quelles sont les attributions du ministre de l'Agriculture ? Quelles sont les écoles qu'il a sous sa direction ? — 2. Quelles sont les attributions du ministre du Commerce ? Quelles sont les écoles qu'il dirige ? — 3. Quelles sont les attributions du ministre du Travail et de la Prévoyance sociale ?

RÉSUMÉ. — *Le ministre de l'Agriculture veille aux intérêts généraux de l'agriculture. Il a sous sa direction les écoles vétérinaires et les différentes écoles d'agriculture.*

Le ministre du Commerce est chargé des intérêts du commerce international et de l'industrie. Il négocie les traités de commerce avec les autres nations, dirige les grandes écoles industrielles et les écoles nationales professionnelles.

Le ministre du Travail et de la Prévoyance sociale a pour mission d'assurer aux travailleurs plus de bien-être et de sécurité, d'organiser le travail sur des bases solides et durables, de veiller au développement de toutes les œuvres de prévoyance intéressant les travailleurs.

5o^e LEÇON

Pouvoir judiciaire.

Séparation des trois pouvoirs.

Le pouvoir législatif fait les lois ; le pouvoir exécutif les fait exécuter. Un troisième pouvoir intervient qui en punit la violation, c'est le pouvoir judiciaire. Il tranche les différends qui peuvent s'élever entre les particuliers relativement à l'interprétation des lois ou à l'exécution d'une convention, et il juge et punit ceux qui transgressent les lois.

« C'est une expérience éternelle que tout homme qui a du pouvoir est porté à en abuser, il va jusqu'à ce qu'il trouve des limites... Pour qu'on ne puisse abuser du pouvoir, il faut que, par la disposition des choses, le pouvoir arrête le pouvoir. Il y a dans chaque État trois sortes de pouvoirs : la puissance législative, la puissance exécutive de l'État, la puissance de juger.

Tout serait perdu si le même homme ou le même corps des principaux ou des nobles, ou du peuple, exerçaient ces trois pouvoirs : celui de faire les lois, celui d'exécuter les résolutions publiques, et celui de juger les crimes ou les différends des particuliers.

. Lorsque dans la même personne ou dans le même corps de magistrature, la puissance législative est réunie à la puissance exécutive, il n'y a point de liberté, parce que l'on peut craindre que le même monarque ou le même sénat ne fasse des lois tyranniques pour les exécuter tyranniquement. Il n'y a point encore de liberté si la puissance de juger n'est pas séparée de la puissance législative et de l'exécutrice. Si elle était jointe à la puissance législative, le pouvoir sur la vie et la liberté des citoyens seraient arbitraires, car le juge serait législateur; si elle était jointe à la puissance exécutrice, le juge pourrait avoir la force d'un oppresseur. »

Montesquieu (Esprits des Lois).

51e LEÇON

Confection d'une loi.

1. L'initiative des lois appartient à la fois au pouvoir exécutif (Président de la République et ministres) et au pouvoir législatif (les deux Chambres). Quand une loi est présentée à l'examen du Parlement par le Gouvernement (initiative gouvernementale), elle est intitulée : *projet de loi;* quand elle est présentée par un membre quelconque de la Chambre des députés ou du Sénat (initiative parlementaire), elle s'appelle *proposition de loi.*

2. Le projet de loi est directement soumis aux discussions de l'assemblée à laquelle il est présenté. La proposition de loi doit préalablement être soumise à une *Commission dite d'initiative* qui conclut à la prise en considération ou au rejet de la proposition. Les conclusions du rapporteur de la Commission sont soumises à la Chambre ou au Sénat qui les adopte ou les

rejette. Si l'auteur de la proposition de loi demande l'*urgence* et qu'il l'obtienne de l'assemblée saisie de sa proposition, celle-ci n'est pas soumise à la Commission d'initiative.

3. Projet de loi et proposition de loi prise en considération suivent ensuite la même voie. Ils sont renvoyés l'un et l'autre à une Commission spéciale que l'assemblée élit dans ses bureaux et qui se compose en général de onze membres à la Chambre des députés et de neuf au Sénat. Cette Commission étudie le projet ou la proposition, en maintient le texte ou le modifie. Elle désigne un rapporteur chargé de résumer ses délibérations et de soutenir la discussion devant l'assemblée.

4. Le projet ayant été déposé, la Chambre ou le Sénat fixe le jour de la discussion publique. Après la lecture du rapport de la commission, une discussion s'engage à laquelle peuvent prendre part tous les membres de l'assemblée. Cette discussion comprend deux parties : 1° une discussion générale sur l'opportunité de la loi à voter; 2° la discussion particulière des différents articles qui sont, les uns après les autres, adoptés, modifiés ou rejetés. Un vote d'ensemble décide ensuite si, oui ou non, la loi sera soumise à une seconde délibération. Si le vote est négatif, la loi est rejetée. S'il est affirmatif, la seconde délibération ne peut avoir lieu qu'après un délai de cinq jours au moins. Après une seconde lecture, il est procédé au vote d'ensemble qui décide de l'adoption ou du rejet de la loi. Si l'urgence a été prononcée la seconde délibération est supprimée.

5. Adoptée par une Chambre, la loi est communiquée à la seconde qui lui fait subir les mêmes épreuves (sauf l'examen de la Commission d'initiative). Si cette assemblée n'y apporte aucune modification, la loi est adoptée. Si la loi est modifiée, elle revient à la première Chambre qui accepte ou non les corrections. — La loi n'est définitivement votée que lorsque les deux Chambres ont adopté le même texte.

6. La loi est enfin promulguée par le Président de la République, c'est-à-dire publiée dans le *Journal officiel*. A dater de cette publication la loi est exécutoire et tout citoyen lui doit obéissance.

QUESTIONNAIRE. — 1. Qu'appelle-t-on projet ou proposition de loi ? — 2. Qu'appelle t-on Commission d'initiative ? — 3. A qui sont renvoyés projet de loi ou proposition de loi prise en considération ? — 4. Combien la discussion publique comprend-elle ordinairement de parties ? Qu'entend-on par première et deuxième délibération ? — 5. Après l'adoption par une Chambre, que devient la loi ? Que faut-il pour qu'elle soit définitivement adoptée ? — 6. Comment la loi est-elle promulguée ?

RÉSUMÉ. — *Pour confectionner une loi, il faut d'abord la présenter à l'une des deux Chambres sous le nom de projet de loi. Ce projet est étudié, discuté en séance publique, adopté ou rejeté à la suite d'un scrutin.*

Adopté par une Chambre, le projet de loi est l'objet d'une nouvelle discussion dans la seconde. S'il est voté par les deux Chambres, il est promulgué comme loi par le Président de la République, et publié au Journal Officiel. A dater de cette publication, tout citoyen lui doit obéissance.

52ᵉ LEÇON

Lois de finances. — Le budget de l'État.

1. Le budget est le tableau annuel des recettes et des dépenses de l'État. Le vote du budget est une des attributions les plus importantes des deux Chambres. Chacun des ministres dresse tous les ans le tableau des dépenses nécessaires pour que ses divers services fonctionnent régulièrement. Le ministre des Finances réunit ces états et dresse de son côté le tableau des recettes probables. Les ministres s'entendent ensuite pour équilibrer les recettes et les dépenses et un projet de budget est présenté à la Chambre des députés au nom du Gouvernement.

2. Le budget comprend deux parties : les *recettes*, c'est-à-dire le montant approximatif de toutes les contributions directes et indirectes de l'État ; les *dépenses* jugées utiles pendant l'année pour assurer la bonne marche des services publics.

Le budget est dit *en balance* quand les recettes sont égales aux dépenses ; il est en *excédent* quand les recettes surpassent les dépenses ; il est en *déficit* quand les recettes sont inférieures aux dépenses.

3. Le budget déposé, la Chambre des députés nomme une commission dite *Commission du budget* qui étudie les propositions du ministre. Elle se subdivise en autant de sous-commissions qu'il y a de ministères, chaque ministère ayant un budget particulier dans le grand budget général. Dans chaque sous-commission, un rapporteur résume les observations présentées. *Un rapporteur général*, élu par la Commission tout entière, condense les travaux des rapporteurs particuliers et reçoit la mission de soutenir devant la Chambre les propositions de la Commission.

4. Les Chambres votent tout d'abord les *recettes*. Avant de fixer les *dépenses*, il est nécessaire de connaître exactement le montant

des sommes dont on pourra disposer. Le budget n'est pas voté en bloc, mais article par article et ensuite dans son ensemble.

5. Lorsque le budget a été voté par la Chambre des députés, il est envoyé au Sénat qui l'examine et le discute dans les mêmes formes. Si le Sénat y apporte quelques modifications, le budget est de nouveau soumis à la Chambre des députés. Ce n'est que lorsque la Chambre et le Sénat se sont mis d'accord que le budget est définitivement voté.

6. Le Président de la République promulgue ensuite la *loi de finances* comme les autres lois. Régulièrement, la promulgation doit avoir lieu avant le 1er janvier pour que l'État puisse légalement ordonner les dépenses et percevoir les impôts. Si la loi de finances n'est pas promulguée avant le 1er janvier, les Chambres peuvent autoriser le Gouvernement à effectuer des dépenses et à recueillir des impôts pour un ou plusieurs mois en prenant pour base le budget de l'année précédente ; c'est ce qu'on appelle les *douzièmes provisoires*.

QUESTIONNAIRE. — 1. Qu'est-ce que le budget de l'État ? Par qui est-il présenté ? Aux Chambres ? — 2. Combien le budget comprend-il de parties ? — 3. Qu'appelle-t-on Commission du budget ? — 4. Comment est voté le budget ? — 5. Après avoir été voté par la Chambre, à qui est-il envoyé ? — 6. Qu'est-ce que la *loi de finances*? Qu'appelle-t-on *douzième provisoire* ?

RÉSUMÉ. — *Le budget est le tableau annuel des recettes et des dépenses de l'État. Il est présenté à la Chambre des députés par le ministre des Finances et au nom du Gouvernement. Lorsqu'il a été voté par la Chambre, il est envoyé au Sénat qui le discute à son tour. Ce n'est que lorsque les deux Chambres se sont mises d'accord que le budget est définitivement voté. La loi de finances est ensuite promulguée par le Président de la République.*

53e LEÇON

Le budget de l'État (suite). — Dépenses et recettes.

1. Les dépenses de l'État comprennent *les intérêts de la Dette publique et les dépenses afférentes aux divers services publics* (guerre, marine, instruction publique, affaires étrangères, travaux publics, commerce, etc.). La dette publique affecte trois formes : la *dette consolidée ou rente*, la *dette flottante* et la *dette viagère*. — La dette consolidée, ainsi nommée parce que son fonds est permanent et

d'une durée indéfinie, provient des emprunts successifs contractés soit pour couvrir les déficits des budgets antérieurs, soit plus fréquemment pour faire face aux grands travaux publics : armement, fortifications, écoles, canaux, chemins de fer, etc. La guerre de 1870 a accru notre dette publique, dans des proportions énormes ; nous payons encore aujourd'hui les fautes et les hontes de l'Empire.

2. En empruntant, l'État ne s'engage qu'à payer la rente annuelle des capitaux qui lui sont prêtés. On ne peut exiger de lui la restitution du capital à aucune époque déterminée. Mais l'État peut faire le remboursement s'il juge l'opération avantageuse. Il peut se libérer de deux façons, soit par *l'amortissement*, en rachetant les titres de rentes au fur et à mesure qu'ils sont offerts à la Bourse, soit par *remboursement* ou *conversion de la rente*. Quand il s'agit de faire la conversion des rentes, on met le rentier en demeure d'accepter ou le remboursement au pair, ou une diminution sur le taux de l'intérêt.

3. La *dette flottante* comprend les sommes qui ont été remises à l'État *avec possibilité d'en réclamer le remboursement*. Tels sont les fonds provenant des cautionnements ou des dépôts faits aux *caisses d'épargne*. On y comprend également les *bons du Trésor*. Ces bons sont des sortes de lettres de change remises aux prêteurs par le ministre des finances. Ces bons portent intérêt du jour où le versement a été fait et doivent être remboursés à l'échéance.

4. La *dette viagère* est formée des sommes à payer *pendant la vie* des créanciers. Elle comprend le montant des pensions à verser aux fonctionnaires qui sont à la retraite.

Le montant de la dette publique en France atteint environ 32 milliards.

5. Les dépenses de l'État sont, d'après le budget de 1907 :

Les intérêts de la dette publique	1.233.528.964 francs
Les dépenses de l'Armée	779.986.139 —
Les dépenses de la Marine	312.169.819 —
Les dépenses de l'Instruction publique . .	261.367.546 —
Les dépenses des Travaux publics . . .	229.134.470 —
Enfin les dépenses des divers autres ministères.	
Le total des dépenses pour 1907 atteint . .	3.833.825.305 francs

6. Les recettes de l'État viennent des sources suivantes (budget de 1907) :

Les impôts et revenus	2.654.270.896 francs
Les monopoles	841.730.835 —
Les domaines de l'État	57.545.948 —
Les produits divers du budget	68.710.030 —
Les ressources exceptionnelles	108.364.900 —
Les recettes d'ordre	101.713.069 —
Soit un total de	3.832.305.548 francs

QUESTIONNAIRE. — 1. Que comprennent les dépenses de l'État? Qu'est-ce que la dette consolidée? — 2. Comment l'État peut-il se libérer envers ses prêteurs? — 3. Qu'est-ce que la dette flottante? Qu'entend-on par bons du Trésor? — 4. Qu'est-ce que la dette viagère? — 5. Quelles sont les dépenses de l'État? — 6. Quelles sont les recettes de l'État?

RÉSUMÉ. — *Les dépenses de l'État comprennent les intérêts de la dette publique et les dépenses afférentes aux divers services publics (guerre, marine, instruction publique, travaux publics, etc.). Les recettes proviennent principalement des impôts, des monopoles, des droits de douane et des domaines nationaux. Recettes et dépenses s'élèvent, d'après le budget de 1907, à environ 3 milliards 800 millions.*

54ᵉ LEÇON

REVISION

43ᵉ 44ᵉ, 45ᵉ, 46ᵉ, 47ᵉ, 48ᵉ, 49ᵉ, 50ᵉ, 51ᵉ, 52ᵉ 53ᵉ leçons.

1. Les Pouvoirs de l'État. — 2. Le pouvoir législatif. Ses attributions. — 3. Le Président de la République. — 4. Les Ministres. — 5. Les Ministères (intérieur, instruction publique et beaux-arts, affaires étrangères). — 6. Les Ministères (*suite*) (guerre, marine, colonies, justice, finances, travaux publics). — 7. Les Ministères (*fin*) (agriculture, commerce et industrie, travail et prévoyance sociale). — 8. Pouvoir judiciaire. Séparation des trois pouvoirs. — 9. Confection d'une loi. — 10. Le budget de l'État. — 11. Le budget de l'État : dépenses et recettes.

LECTURES A COMMENTER

I. LA DÉMOCRATIE

Il faut que ce grand pays, cette nation généreuse s'accoutume à considérer que le sang-froid, la possession de soi-même, sont les conditions nécessaires de l'exercice de la liberté, et sa plus sûre sauvegarde, que la mobilité, l'impressionnabilité, la facilité aux soupçons, la curiosité des scandales sont des signes de faiblesse et des causes de ruine; il faut que notre démocratie prenne l'habitude de résister aux excitations violentes, se refuse aux haines de classe, de croyances, ou de races; il faut qu'en elle s'élève, au milieu, au-dessus de toutes les tempêtes des passions, un esprit public uniquement inspiré par la ferme confiance et la ferme raison.

LÉON BOURGEOIS.

II. LE GOUVERNEMENT DÉMOCRATIQUE

Il y a trois espèces de gouvernements : le républicain, le monarchique et le despotique. Pour en découvrir la nature, il suffit de l'idée qu'en ont les hommes les moins instruits. Je suppose trois définitions ou plutôt trois faits : l'un que le gouvernement républicain est celui où le peuple en corps, ou seulement une partie du peuple, a la souveraine puissance; le monarchique, celui où un seul gouverne, par des lois fixes et établies; au lieu que dans le despotique, un seul, sans loi et sans règle, entraîne tout par sa volonté et par ses caprices.

Lorsque, dans la République, le peuple en corps a la souveraine puissance, c'est une démocratie. Lorsque la souveraine puissance est entre les mains d'une partie du peuple, cela s'appelle une aristocratie. Le peuple, dans la démocratie, est, à certains égards, le monarque; à certains autres, il est le sujet.

Il ne peut être monarque que par ses suffrages qui sont des volontés. La volonté du souverain est le souverain lui-même. Les lois qui établissent le droit de suffrage sont donc fondamentales dans ce gouvernement. En effet, il est aussi important d'y régler comment, par qui, à qui, sur quoi les suffrages doivent être donnés, qu'il l'est, dans une monarchie, de savoir quel est le monarque et de quelle manière il doit gouverner.

Le peuple qui a la souveraine puissance doit faire par lui-même tout ce qu'il peut bien faire; et ce qu'il ne peut pas bien faire, il faut qu'il le fasse par ses ministres.

Les ministres ne sont point à lui, s'il ne les nomme : c'est donc une maxime fondamentale de ce gouvernement que le peuple nomme ses ministres, c'est-à-dire ses magistrats.

MONTESQUIEU (*Esprit des lois*).

CHAPITRE VI

ORGANISATION DES SERVICES PUBLICS

55ᵉ LEÇON

L'armée d'autrefois — L'armée nationale.

1. Charles VII créa la première armée permanente. Avant lui, la France n'avait que les milices féodales et communales, des bandes de soldats mercenaires qui n'étaient appelées qu'en temps de guerre. Louvois donna au roi une armée mieux organisée, mais cette armée se composait toujours de mercenaires, qui avaient pour métier de se battre. On les enrôlait souvent à force de ruse et de mensonge. Les officiers achetaient leur grade, l'avancement était interdit aux roturiers quels que fussent leurs mérites.

2. Aujourd'hui, tous les Français sont égaux devant le service militaire : tous peuvent prétendre aux grades élevés. La durée du service militaire, qui était sous Napoléon III de sept années, a été successivement réduite à cinq, à trois et enfin à deux ans. La loi du 21 mars 1905, qui a réduit à deux ans la durée du service *dans l'armée active*, a établi l'obligation du service militaire personnel pour tous les Français, et fixe sa durée à vingt-cinq années. Aucune dispense n'est accordée hors le cas d'incapacité physique. L'armée actuelle est donc vraiment l'armée nationale.

3. Tout récemment encore, on procédait chaque année au tirage au sort. Les conscrits qui tiraient les numéros les plus élevés pouvaient être renvoyés dans leurs foyers après un an de service, les plus bas numéros pouvaient être appelés à servir dans la marine. Le tirage au sort est supprimé. Chaque année, les maires dressent les tableaux de recensement sur la déclaration des jeunes gens ou

de leurs parents ou tuteurs. A défaut de déclaration, les inscriptions sont faites d'office d'après les registres de l'état civil.

Sont inscrits sur ces tableaux les jeunes gens qui ont atteint l'âge de vingt ans révolus dans l'année précédente et qui sont domiciliés dans la commune.

4. Le conseil de revision, présidé par le préfet ou son délégué, se transporte dans les chefs-lieux de canton. Il statue sur les réclamations présentées, les exemptions, les ajournements, et les sursis d'incorporation.

5. Le nouveau service militaire est établi sur les bases suivantes : Tout Français reconnu propre au service militaire fait partie successivement : de l'armée active pendant deux ans ; de la réserve de l'armée active pendant onze ans ; de l'armée territoriale pendant six ans et de la réserve de l'armée territoriale pendant six ans.

La nouvelle loi maintient les engagements et les rengagements. Des avantages particuliers sont assurés aux engagés et rengagés.

QUESTIONNAIRE. — 1. Au moyen âge, la France avait-elle une armée ? Qui créa la première armée permanente ? Que fit Louvois pour l'armée ? — 2. Quelle est actuellement la durée du service dans l'armée active ? Qu'établit la loi du 21 mars 1905 ? — 3. Comment sont dressés les tableaux de recensement ? — 4. Quelles sont les attributions du Conseil de revision ? — 5. Sur quelles bases est établi le nouveau service militaire ?

RÉSUMÉ. — *Autrefois, l'armée n'était pas organisée; le recrutement se faisait mal et les officiers étaient pour la plupart des incapables. Aujourd'hui, l'armée est vraiment nationale, puisque tous les Français sont égaux devant le service militaire. Le tirage au sort est supprimé.*

Le Conseil de revision statue sur les réclamations des jeunes gens et prononce les exemptions. Tout Français fait partie de l'armée active pendant deux ans, de la réserve de l'armée active pendant onze ans, de l'armée territoriale et de la réserve de cette armée pendant six ans.

56ᵉ LEÇON

Différentes armes. — Hiérarchie et organisation. Les écoles militaires. — Le drapeau.

1. Il faut distinguer dans l'armée : l'infanterie, la cavalerie, l'artillerie et le génie. — L'infanterie comprend les troupes qui

combattent à pied; la cavalerie comprend les régiments de cuirassiers, de dragons, de chasseurs à cheval. — L'artillerie est chargée de la manœuvre des canons, de la fabrication et de l'entretien du matériel de guerre. Le génie s'occupe des fortifications et de la défense des places fortes. Ces troupes forment ce qu'on appelle les combattants.

Les transports sont assurés par les escadrons du train des équipages. Il y a en outre des services auxiliaires : l'intendance chargée de l'approvisionnement de tout genre, le service médical qui comprend les médecins, les infirmiers et les ambulanciers.

2. Les grades de l'armée française prennent différents noms selon qu'il s'agit des fantassins ou des cavaliers. Ce sont pour les soldats : soldat de 1re classe, caporal, ou cavalier de 1re classe, brigadier; pour les sous-officiers : sergent, sergent-major, adjudant ou maréchal des logis, maréchal des logis chef, adjudant; les officiers portent les mêmes noms : sous-lieutenant, lieutenant, capitaine; les officiers supérieurs : commandant ou chef d'escadron, lieutenant-colonel, colonel; les officiers généraux portent également les mêmes noms : général de brigade, général de division.

3. La France peut mettre sur pied plus de quatre millions d'hommes, dont près de deux millions appartiennent à l'armée active.

L'armée française comprend dix-neuf corps d'armée. Chacun d'eux est commandé par un général commandant de corps. Il se compose de deux divisions d'infanterie, d'une brigade de cavalerie, d'une brigade d'artillerie et d'un bataillon du génie.

4. Une division d'infanterie, commandée par un général de division, est composée de deux brigades commandées chacune par un général de brigade. — Une division de cavalerie comprend trois brigades; une brigade, deux régiments commandés chacun par un colonel. Un régiment est divisé en bataillons, dans l'infanterie; en escadrons, dans la cavalerie, et en groupes, dans l'artillerie. Un bataillon comprend plusieurs compagnies et un groupe d'artillerie plusieurs batteries. Un bataillon est commandé par un chef de bataillon, un escadron par un chef d'escadron. Une compagnie comme une batterie est commandée par un capitaine.

5. Pour former des officiers instruits et capables, l'État entretient des écoles spéciales : 1° L'école polytechnique pour les officiers d'artillerie et du génie. Ces officiers complètent leur instruction à l'école d'application d'artillerie et du génie de Fontainebleau; 2° L'école spéciale militaire de Saint-Cyr, destinée à fournir des officiers pour l'infanterie et la cavalerie; 3° L'école d'application de

cavalerie de Saumur; 4° L'école militaire d'infanterie de Saint-Maixent; 5° L'école militaire de l'artillerie, du génie et du train des équipages de Versailles; 6° L'école supérieure de guerre; 7° L'école du service de santé de Lyon; 8° L'école d'application de médecine et de pharmacie à Paris; 9° L'école d'application de Vincennes.

6. Chaque régiment a son drapeau qu'il faut respecter, car il représente la France. Il est l'emblème de la Patrie, le symbole de l'honneur et du devoir.

Élève de l'École Polytechnique.

Élève de l'École de Saint-Cyr.

QUESTIONNAIRE. — 1. Dans l'armée française, quelles sont les différentes armes ? — 2. Quels sont les grades de l'armée, infanterie et cavalerie ? — 3. Combien avons-nous de corps d'armée ? — 4. Que comprend une division d'infanterie, une division de cavalerie, un régiment, un bataillon, etc. ? Quels sont les officiers qui commandent ces différentes unités ? — 5. Nommez les différentes écoles militaires. — 6. Que représente le drapeau ?

RÉSUMÉ. — *On distingue dans l'armée, l'infanterie, la cavalerie, l'artillerie et le génie. Les grades s'échelonnnent de celui de caporal à celui de général de division. L'armée est divisée en dix-neuf corps d'armée, qui se subdivisent en divisions, brigades, régiments, bataillons, compagnies. Les diverses écoles militaires sont : Polytechnique, Saint-Cyr, Saumur, Saint-Maixent, Versailles, l'Ecole supérieure de guerre, de santé de Lyon, de pharmacie de Paris, d'administration de Versailles.*

Chaque régiment a son drapeau qui est l'emblème de la patrie.

57ᵉ LEÇON

La marine militaire. — Son organisation.

1. Il faut à la France une marine militaire pour défendre ses ports, ses colonies, son commerce maritime. L'armée de mer n'est pas moins indispensable que l'armée de terre. Elle est placée sous les ordres du ministre de la Marine ; elle comprend les marins et officiers de marine chargés d'assurer la marche des services de guerre et les troupes chargées de la défense des navires et des colonies (infanterie de marine, artillerie de marine, tirailleurs).

2. Le littoral de la France est divisé en cinq arrondissements maritimes dont les chefs-lieux sont : Cherbourg, Brest, Lorient, Rochefort et Toulon. Un vice-amiral portant le titre de préfet maritime administre chaque arrondissement. La marine entretient des arsenaux pour la construction et l'armement des navires de guerre.

3. L'armée de mer est recrutée principalement parmi les inscrits maritimes. On appelle ainsi les habitants des côtes, de 18 à 50 ans, qui se livrent à la pêche ou à la navigation. Les marins sont encore recrutés par voie d'engagements volontaires.

Les forces de l'armée de mer sont groupées en escadres. Chacune d'elles est commandée par un vice-amiral et comprend un certain nombre de cuirassés, croiseurs, torpilleurs et contre-torpilleurs. Deux escadres se tiennent en permanence sur nos côtes ; l'escadre du Nord et l'escadre de la Méditerranée. Dans les mers lointaines, notre empire colonial est défendu par des divisions navales. Dans chacun de nos ports militaires, à portée de nos arsenaux, existent un certain nombre de navires qui peuvent être rapidement armés et mis sur le pied de guerre pour former de nouvelles escadres.

4. Les grades dans la marine sont : aspirant et enseigne de vaisseau qui correspondent à sous-lieutenant et lieutenant de l'armée de terre ; lieutenant de vaisseau qui équivaut à capitaine ; capitaine de frégate à lieutenant-colonel ; capitaine de vaisseaux à colonel ; contre-amiral à général de brigade ; vice-amiral à général de division, puis amiral. Ce dernier titre est conféré au vice-amiral qui a commandé en chef une armée navale en temps de guerre.

5. L'école navale destinée à préparer des officiers de marine est installée en rade de Brest sur le navire *le Borda*. La durée des cours est de deux ans. La première année, les élèves visitent les côtes de France, de Belgique et d'Angleterre. Les cours terminés, ils s'embarquent sur la frégate école *l'Iphigénie* et visitent les côtes d'Amérique, l'Espagne, le Portugal, etc. Pendant cette traversée, ils s'exercent au commandement.

6. L'armée coloniale se compose de Français et d'indigènes engagés dans chacune de nos colonies. En temps de paix, elle veille à la sécurité des colons et des fonctionnaires ; en temps de guerre, elle défend nos colonies.

Élève du *Borda*.

Elle comprend : l'infanterie de marine, l'artillerie de marine et

les corps indigènes levés aux colonies : tirailleurs malgaches, saka-
laves, sénégalais, soudanais, etc.

RÉSUMÉ. — *L'armée de mer qu'on appelle encore la flotte, a pour mission de défendre le littoral, nos colonies et notre commerce maritime. Elle est recrutée
par voie d'engagements volontaires, mais principalement parmi les inscrits
maritimes, c'est-à-dire parmi les habitants des côtes, de 18 à 50 ans, qui se
livrent à la navigation ou à la pêche maritime.*

<h1 style="text-align:center">58ᵉ LEÇON</h1>

L'instruction publique. — Les ordres d'enseigne-
ment. — L'enseignement primaire est obligatoire,
gratuit et laïque.

1. Pour instruire la jeunesse, l'État a le droit et le devoir d'ou-
vrir des écoles, des collèges, des lycées, de former des professeurs et des instituteurs. En dehors de l'enseignement public, il existe un enseignement privé ou libre sur-veillé par l'État. Les autorités préposées à l'instruction publique ont pour mission de veiller à ce que, dans ces établissements, rien ne soit contraire à l'hygiène, à la morale et à la Constitution. Sous prétexte de liberté, l'État ne peut pas tolérer, en effet, qu'on y donne un enseignement contraire aux institutions et aux lois. — Les parents ont encore la faculté de

École primaire du XVIIᵉ siècle.

faire instruire leurs enfants chez eux, mais il faut qu'ils en fassent
la déclaration et l'État se réserve le droit d'en contrôler la sincérité.

2. Il y a trois ordres d'enseignement : l'enseignement primaire, l'enseignement secondaire, l'enseignement supérieur.

L'enseignement primaire comprend le minimum des connaissances élémentaires indispensables à tout citoyen. Il comprend une branche dite « enseignement primaire supérieur », qui prépare aux écoles nationales professionnelles, aux écoles d'arts et métiers et rend les plus grands services à ceux qui se destinent à l'apprentissage d'un métier manuel, au commerce, à l'industrie, à l'agriculture. — L'enseignement secondaire donne une instruction générale plus complète et s'adresse surtout aux jeunes gens qui veulent embrasser des carrières dites libérales, à ceux qui se préparent aux grandes écoles du Gouvernement : Polytechnique, Saint-Cyr, Normale supérieure, Navale, Centrale, Institut agronomique, etc. — L'enseignement supérieur est le couronnement de toutes les études. Il s'adresse aux étudiants qui ont parcouru le cycle de l'enseignement secondaire et qui désirent faire des études approfondies dans l'une des branches des connaissances humaines : droit, médecine, astronomie, etc.

3. Après avoir été longtemps négligé, l'enseignement primaire a reçu, sous le gouvernement de la République, une organisation et un développement en rapport avec les besoins du peuple. Il est *obligatoire* pour les enfants de 6 à 13 ans, *gratuit* et *laïque*.

Une école de 1835.

Une *commission scolaire*, présidée par le maire, veille dans chaque commune, à l'application de la loi sur l'obligation.

QUESTIONNAIRE. — 1. Pourquoi l'État a-t-il le droit et le devoir d'ouvrir des écoles ? — 2. Combien y a-t-il d'ordres d'enseignement et quels sont-ils? A qui s'adresse l'enseignement primaire ? L'enseignement secondaire ? L'enseignement supérieur? — 3. Pourquoi l'enseignement primaire est-il obligatoire ? gratuit? laïque ?

RÉSUMÉ. — *L'État a le droit et le devoir d'ouvrir des écoles et de former des maîtres pour instruire la jeunesse. On distingue trois ordres d'enseignement : l'enseignement primaire, l'enseignement secondaire, l'enseignement supérieur.*

L'enseignement primaire est, dans les écoles publiques, gratuit, obligatoire et laïque. Il s'adresse aux enfants de 6 à 13 ans et a pour objet l'enseignement des notions élémentaires indispensables à tous les citoyens.

59ᵉ LECON

Organisation de l'enseignement primaire public.

1. En dehors des écoles maternelles et des classes enfantines qui sont des établissements de première éducation destinés aux enfants de moins de sept ans, il existe des écoles primaires élémentaires pour les enfants de six à treize ans, et des écoles primaires supérieures pour ceux qui ont obtenu le certificat d'études primaires et suivi pendant un an au moins le cours supérieur d'une école élémentaire.

2. L'enseignement primaire est donné dans toutes les communes par des instituteurs et des institutrices presque tous préparés dans des écoles normales primaires établies dans chaque département.

Les directeurs, les directrices et les professeurs des écoles normales se préparent à leurs fonctions dans les écoles normales supérieures de Saint-Cloud pour les hommes, de Fontenay-aux-Roses pour les femmes.

3. Des diplômes sont remis, après examen, aux élèves qui, à la fin de leurs études, possèdent des connaissances suffisantes ; ce sont, pour les écoles primaires, le certificat d'études primaires, pour les écoles primaires supérieures, le certificat d'études primaires supérieures. Les enfants qui obtiennent le certificat d'études avant treize ans ne sont plus astreints à l'obligation scolaire.

4. Les instituteurs et les institutrices chargés de l'enseignement primaire sont nommés par le préfet sur la proposition de l'inspecteur d'académie. Ils ont pour chefs immédiats les *inspecteurs primaires*.

5. Chaque département est divisé en plusieurs circonscriptions scolaires. Un inspecteur primaire est placé à la tête de chacune d'elles. Ces fonctionnaires ont pour chef un *inspecteur d'académie* qui réside au chef-lieu du département. L'inspecteur d'académie est placé sous la dépendance du *recteur* qui dirige une *académie* comprenant plusieurs départements.

6. Il y a enfin dans chaque canton un certain nombre de *délégués cantonaux* qui surveillent les écoles. Ils tiennent leur mandat d'un *Conseil départemental*.

QUESTIONNAIRE. — 1. Dans quels établissements est donné l'enseignement primaire ? — 2. Où sont préparés les maîtres primaires et par qui ? Où sont formés les directeurs et les professeurs d'école normale ? — 3. Quels sont les diplômes remis aux élèves au sortir de l'école ? — 4. Quels sont les titres exigés des instituteurs, des professeurs d'école normale, des directeurs d'école normale et des inspecteurs primaires ? — 5. Comment chaque département est-il divisé ? — 6. A qui profite spécialement l'instruction primaire ?

Résumé. — *L'État donne l'enseignement primaire dans les écoles enfantines, dans les écoles primaires élémentaires et dans les écoles primaires supérieures. La plupart des maîtres et des maîtresses sont formés dans les écoles normales primaires. Le personnel des écoles normales reçoit une préparation spéciale dans les écoles normales supérieures de Saint-Cloud ou de Fontenay-aux-Roses. Un inspecteur primaire est placé à la tête de chaque circonscription scolaire.*

60ᵉ LEÇON

Différentes formes de l'impôt. — Les contributions directes.

1. On distingue deux sortes d'impôts ou contributions : les *contributions directes* et les *contributions indirectes*.

2. Les contributions *directes* sont demandées *directement* et *nominativement* aux contribuables. Des *rôles* sont établis, qui indiquent d'avance la somme que chaque imposé doit payer. Elles sont versées au percepteur après le reçu d'un *avertissement*.

3. Les contributions *indirectes* frappent certains produits, certaines denrées et boissons et sont payées par tous ceux qui achètent, consomment ou font circuler ces produits. Ces impôts ne sont pas payés directement ; ils sont compris dans la vente de la marchandise et souvent nous en ignorons le montant. Lorsque les produits imposés sont mis en vente, l'État a déjà perçu l'impôt fixé par les lois.

4. Les principales contributions directes sont au nombre de quatre : (*a*) la *contribution foncière* payée par tous les propriétaires d'immeubles, c'est-à-dire de terrains ou de maisons, propriétés bâties et non bâties ;

(*b*) La *contribution personnelle et mobilière* qui comprend deux taxes séparées ; la *cote personnelle* qui est égale pour tous, qui est payée par tout chef de ménage *non indigent* et qui équivaut à la valeur de *trois journées* de travail ; le prix moyen de la journée est fixé par le Conseil général de chaque département ; puis la *cote mobilière* basée sur la valeur locative ou montant du loyer de l'habitation et des locaux occupés par le contribuable ;

(*c*) La *contribution des portes et fenêtres* établie d'après le nombre

Rue _______________

NOMS, PRÉNOMS, SURNOMS, profession ou qualité et demeure des contribuables.	TOTAL DES COTES par article. (1)	ÉMARGEMENTS			RELEVÉ DES DIVERSES SOMMES DUES PAR LE MÊME CONTRIBUABLE en vertu d'autres rôles et titres.		SOMMES à recouvrer. (8)	PAYEMENTS effectués. (9)	RENSEIGNEMENTS DIVERS.
		numéros du journal à souche. (2)	DATES des payements. (3)	SOMMES versées. (4)	Nombre des articles du rôle ou des états de frais de poursuite. (6)	Désignation des produits ou de la nature des actes de poursuites. (7)			Date de la sommation sans frais, etc. (10)
ART. ____ ____ M. ____ prop^re, saisie r^e ____	fr. c.			fr. c.			fr. c.	fr. c.	
M. ____									
PERSONNELLE-MOBILIÈRE { Cote personnelle ( ). / Cote mob. ou au loyer de... fr }									
PATENTES { Professions et droits fixes. / Droit proportionnel (au ...e par val. loc. de ____ / au ...e par val. loc. de ____ / au ...e par val. loc. de ____) }									
Centimes additionnels ____									
Frais d'avertissement ____	» 04								
ACCIDENTS DU TRAVAIL { 4e sur au principal de ... fr ... c. pour la profession ci-dessus / 1re sur au principal de ... fr ... c. pour la profession ci-dessus }									
ART. ____									

Rue _______________

NOMS, PRÉNOMS, SURNOMS, profession ou qualité et demeure des contribuables.	TOTAL DES COTES par article. (2)	ÉMARGEMENTS			RELEVÉ DES DIVERSES SOMMES DUES PAR LE MÊME CONTRIBUABLE en vertu d'autres rôles et titres.		SOMMES à recouvrer. (8)	PAYEMENTS effectués. (9)	RENSEIGNEMENTS DIVERS.
		numéros du journal à souche. (3)	DATES des payements. (4)	SOMMES versées. (5)	Nombre des articles du rôle ou des états de frais de poursuite. (6)	Désignation des produits ou de la nature des actes de poursuites. (7)			Date de la sommation sans frais, etc. (10)
ART. ____	fr. c.			fr. c.			fr. c.	fr. c.	
N° ____ M ____									
____ fr. c.									
Foncière { B. : Pour un rev. net de... fr / B.B. : Pour un rev. cad. de... fr }									
Portes et fenêtres { Pour ____ portes cochères, charret. ou de magasin et portes bâtardes... / Pour ____ portes simples ou d'allées... / Pour ____ fenêtres de tous étages... / Pour droit proportionnel sur un revenu net de... fr }									
Plus, pour frais d'avertissement ____	» 05								

Une page d'un rôle.

et l'importance des ouvertures d'une habitation. En sont exemptées les ouvertures des granges, étables, greniers, etc. ;

(*d*) La *contribution des patentes* due par ceux qui exercent une industrie ou un commerce et par certaines professions : notaire, avoué, médecin. La patente se compose d'un *droit fixe* et d'un *droit*

DÉPARTEMENT
DE LA SEINE

VILLE DE PARIS

6ᵉ arrondissement municipal.

1ᵉ arrondissement de perception.

QUARTIER

Monnaie

M. *Péririer*

Receveur-percepteur,

Rue de Furstenberg, 4

Le bureau est ouvert tous les jours non fériés, de *neuf* heures à *4* heures.

Le contribuable, en venant payer, doit apporter le présent avertissement.

Le rôle a été publié le dimanche **31 mars** 1907. Cette date est le point de départ des délais de réclamation.

(Voir au verso.)

CENTIMES-LE-FRANC

personnelle-mobilière :
   Contribution Oᵉ 14ᵉ. 02824
   des patentes (1) : fr. 10ᵉ 91076

(1) Centimes additionnels applicables au principal de la contribution des patentes.

La présente patente est, à la diligence du patenté, visée par le maire et revêtue du sceau de la commune.

Sceau de la Commission des Contributions directes :

NOTA. — Le bureau du visa est situé rue Monsieur-le-Prince, nᵒ 69. Il est ouvert, les jours non fériés, de onze heures à trois heures.

Mod. 1044 bis. — Paris.

ANNÉE 1907.

AVERTISSEMENT

DÉLIVRÉ PAR LE DIRECTEUR DES CONTRIBUTIONS DIRECTES, POUR L'ACQUIT DES CONTRIBUTIONS

personnelle-mobilière et des patentes

établies en exécution de la loi du 19 juillet 1906, tenant lieu de formule de patente.

Mod. nᵒ 6 modifié

Circulaire du 30 juillet 1906, nᵒ 1058.

BASES DE LA CONTRIBUTION MOBILIÈRE.

Les loyers matriciels servant de base à la Contribution mobilière sont déterminés en déduisant du loyer réel d'habitation de chaque imposable une somme uniforme de 375 francs.

Cette somme uniforme de 375 francs est augmentée d'un dixième pour chaque personne en sus de la première qui se trouve à la charge du contribuable et à son domicile, sans que, toutefois, la déduction totale puisse dépasser le double du minimum de loyer, soit 750 francs.

Sont seules considérées comme personnes à la charge du contribuable les enfants ayant moins de 16 ans révolus, les ascendants âgés ou infirmes, et les enfants orphelins et par lui recueillis.

Les habitants dont le loyer réel d'habitation est inférieur à 500 francs ne sont pas imposables, à l'exception, toutefois, de ceux

1ᵒ Qui ont un simple pied-à-terre à Paris.

2ᵒ Qui sont imposés au rôle foncier de cette ville, qu'ils soient logés ou non dans leurs propres maisons.

3ᵒ Qui sont assujettis à un droit fixe de patente égal ou supérieur à celui de la 6ᵉ classe du tableau A.

(Lois des 31 décembre 1900 et 20 juillet 1901 et délibération du Conseil municipal du 18 décembre 1906).

Article *2139* du rôle.

" Rue *St André des Arts* , nᵒ *58* "

M. *La Nouvelle Édition*

exerçant la profession de *libraire éditeur* est imposé de la manière suivante :

NATURE, BASES ET DÉTAIL DES CONTRIBUTIONS.	Montant des cotes.	PART de l'État.		PART du département et de la commune.	
	fr. c.	fr.	c.	fr.	c.
Contribution personnelle-mobilière : fr. c.					
Cote personnelle ( )					
Cote mobilière sur un loyer de .... fr.					
Contribution des patentes : fr. c.					
Professions et droits fixes *2e Classe* *140*					
Droit proportionnel au 20ᵉ sur une valeur locative de *1600* *80*	*464*	*315*	*12*	*118*	
au ... sur une valeur locative de ...					
au ... sur une valeur locative de ...					
Centimes additionnels *244*					
Frais d'avertissement	05	05			
TOTAUX	*464* *05*	*315* *5*		*118* *4*	
Taxe pour frais de garantie. (Accidents du travail.) 4ᵒ sur un principal de ... fr. c. pour la profession ci-dessus					
1,5 sur un principal de *220* fr. pour la profession ci-dessus *3 30*	*3 30*				
TOTAL GÉNÉRAL *467 35*					
Dont le 10ᵉ est de ... *46* fr. *73* c.)					

Vu par le Commissaire-Répartiteur de la ville de Paris, délégué, la présente patente, enregistrée sous le nᵒ ... sur le moyen de laquelle le patenté y dénommé pourra exercer sa profession sans aucun empêchement, en se conformant aux lois et règlements de police.

À Paris, le .... 1907.

Signature du Commissaire-Répartiteur.

Avertissement de percepteur.

---

proportionnel en rapport avec la population de la localité où se trouve située l'industrie, la valeur locative de l'établissement et l'importance des affaires.

5. Il existe encore d'autres contributions directes : *l'impôt sur les chiens, sur les chevaux et voitures, la taxe sur les billards, les bicyclettes, etc.*

6. Le montant des contributions directes est réparti entre l'État, les départements et les communes.

QUESTIONNAIRE. — 1. Combien distingue-t-on de sortes de contributions ? — 2. Qu'appelle-t-on contributions directes ? — 3. Qu'appelle-t-on contributions indirectes ? — 4. Quelles sont les quatre contributions directes ? — 5. Qu'appelle-t-on contribution foncière, personnelle, mobilière, portes et fenêtres, patentes ? — 5. N'existe-t-il pas d'autres contributions directes ? — 6. Comment sont réparties les contributions directes ?

RÉSUMÉ. — *On distingue deux sortes de contributions : les contributions directes qui sont demandées directement par l'État au contribuable, et les contributions indirectes qui frappent les produits et sont payées par les personnes qui consomment ces produits. Les principales contributions directes sont au nombre de quatre : foncière, personnelle-mobilière, portes et fenêtres, patentes. Il existe encore d'autres contributions directes sur les voitures, les chevaux, les chiens, les bicyclettes, etc. Les contributions directes sont réparties entre l'État, les départements et les communes.*

61° LEÇON

Répartition de l'impôt. — Perception des contributions directes.

1. Les Chambres votent chaque année les dépenses auxquelles l'État doit faire face et elles répartissent le montant des contributions directes entre les départements. Le Conseil général fait la répartition entre les arrondissements, et le Conseil d'arrondissement, la sous-répartition entre les communes. Dans les communes, ce sont les *répartiteurs* assistés du *contrôleur des contributions directes* qui font la répartition entre les contribuables. *Ces différentes répartitions ont pour base le revenu des départements, des arrondissements, des communes et des contribuables.*

2. Il existe dans chaque mairie un *plan de toutes les propriétés situées sur le territoire de la commune.* Le relevé des biens possédés par un même propriétaire est fait sur un registre spécial indiquant

le numéro du plan, le lieu dit, la contenance et le revenu de chaque parcelle. C'est ce qu'on nomme *le cadastre*. En additionnant les revenus de chacun des propriétaires, on obtient le total du revenu pour la commune. Pour l'arrondissement, on fait le total des revenus de chaque commune; pour le département, le total des revenus des arrondissements, et pour la France, le total des revenus des départements.

3. Dans chaque département, le *directeur des contributions directes*, sur les indications fournies par les *contrôleurs* et les *répartiteurs*, dresse tous les ans un registre sur lequel sont inscrits tous les contribuables avec le montant des contributions qu'ils doivent payer. Ce registre prend le nom de *matrice*. Les *rôles* remis aux percepteurs sont des extraits de cette matrice. Au commencement de l'année, un *bordereau* est adressé à chaque contribuable pour lui faire connaître le montant des impôts qu'il doit acquitter.

4. Les contributions directes sont perçues par les *percepteurs*. Ceux-ci reçoivent de chaque contribuable le montant des contributions dues. Ils lui remettent une quittance qu'ils détachent d'un livre à souche et qui constate le paiement.

5. Le *receveur des finances* centralise les fonds recueillis

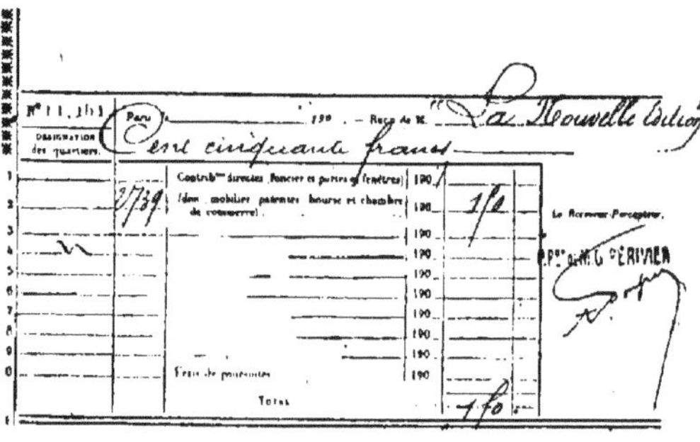

Quittance du percepteur.

par les percepteurs de l'arrondissement; le *trésorier-payeur général* centralise toutes les sommes payées par les contribuables du département et les verse à Paris, au Trésor. Ces mêmes agents, qui *perçoivent* les impôts au nom de l'État, *payent* également au nom de l'État les pensions de retraites, les rentes sur l'État, les traitements des fonctionnaires et, d'une manière générale, toutes les dépenses publiques.

6. Aucun des agents qui perçoivent l'impôt *n'en peut détourner* la plus minime partie. Il y a au ministère des Finances, une *direction générale de la comptabilité* où tous les comptes sont révisés, puis, au-dessus de tout, la *Cour des comptes* qui examine les recettes et les dépenses publiques et juge les comptes.

N° DE PAIEMENT

RÉPUBLIQUE FRANÇAISE
LIBERTÉ — ÉGALITÉ — FRATERNITÉ

PRÉFECTURE DE LA SEINE.

DIRECTION DES FINANCES

BUREAU DE LA LIQUIDATION
ET
DE L'ORDONNANCEMENT
des Dépenses

N° *1616* de l'État

de distribution

N° *39496* du Mandat

DÉPENSES MUNICIPALES

BUDGET DE LA VILLE DE PARIS

EXERCICE 190 *7*

En vertu du crédit alloué au Chap. *19* § _____, Art *23* _____
du Budget de l'Exercice, le RECEVEUR MUNICIPAL de la Ville
de PARIS paiera à *La Nouvelle Édition*

la somme de *Cent dix f. 75 c.*

sur la remise des pièces et pour l'objet de dépense ci-après désignés :

OBJET DÉTAILLÉ DE LA DÉPENSE	SOMME A PAYER		INDICATION des pièces à fournir à l'appui du paiement
	fr.	c.	
Fr. de livres en 1907	*110*	*75*	*M^t*

Voir Mandat N° _____
Ch. ___ § ___ Art. ___ Ex° 190

Le présent Mandat, dûment quittancé, sera alloué dans les comptes du Receveur
municipal en rapportant les pièces relatées ci-dessus.

Fail à Paris, le _____ 190

Pour acquit de la somme
ci-dessus :

Paris, le _____ 190

SIGNATURE : _____

ADRESSE : _____

On paie tous les jours à la Caisse municipale, à l'Hôtel de Ville.

LE PRÉFET DE LA SEINE,
Pour le Préfet :
Le Conseiller de Préfecture délégué.

NOTA. — Faute par le porteur de se présenter à la Caisse avant le 31 mars 1908, ce Mandat sera annulé, sauf réordonnancement ultérieur, ce qui entraîne toujours d'assez longs délais.

RÉFÉRENCES : _____

Un mandat de paiement.

D'ailleurs, l'existence de deux services parallèles : *l'administration qui contrôle* la répartition de l'impôt et *l'administration qui perçoit* l'impôt, constitue une garantie sérieuse contre la fraude et les malversations.

QUESTIONNAIRE. — 1. Qu'est-ce qui répartit le montant des contributions directes entre les départements ?... les arrondissements ?... les communes ?... les contribuables ? — 2. Qu'est-ce que le plan cadastral ?... les matrices cadastrales ? — 3. Quel est le rôle du directeur des contributions directes dans chaque département ? — 4. Par qui sont perçues les contributions directes ? — 5. Quel est le rôle du receveur des finances ?... du trésorier-payeur général ? — 6. Les agents des finances peuvent-ils détourner des fonds ? Pourquoi ?

RÉSUMÉ. — *Les Chambres fixent le chiffre total des dépenses auxquelles doivent faire face les contributions directes. Le montant des impôts est réparti entre les départements, puis dans chaque département entre les arrondissements, dans chaque arrondissement entre les communes et enfin dans chaque commune entre les contribuables.*

Les impôts sont perçus au nom de l'État par les percepteurs, les receveurs des finances et les trésoriers-payeurs généraux.

62ᵉ LEÇON

Les contributions indirectes.

1. Les contributions indirectes comprennent : les *impôts de consommation*, les *droits d'enregistrement*, les *droits de timbre* et les *droits de douanes*.

2. Les *impôts de consommation* portent sur un certain nombre de produits, tels que boissons, sel, sucre, café, pétrole, bougie, savon, etc., l'État se réserve le droit de fabriquer et de vendre seul certains produits tels que le tabac, les allumettes, les poudres à feu, les cartes à jouer, etc. Ce droit de fabrication se nomme *monopole*. L'État, ne craignant pas la concurrence, vend ces produits très cher et réalise ainsi de gros bénéfices. Ces bénéfices qu'il fait payer aux consommateurs constituent un véritable impôt.

3. Les impôts de consommation sont perçus par des *employés* placés sous l'autorité d'un *directeur des contributions indirectes*, dans chaque département. Ils sont perçus en gros, chez les marchands, propriétaires ou industriels avant que les produits imposés ne soient livrés au commerce. Les industriels ou marchands

augmentent d'autant le prix de leurs marchandises et se font rembourser en détail par les consommateurs.

Pour empêcher la fraude, on a établi, à l'entrée des villes et dans

Un bureau d'octroi.

les grandes gares, un *octroi*. Les employés ne laissent entrer aucun produit frappé avant que la taxe n'ait été acquittée.

La Douane.

4. Les *droits d'enregistrement* sont des taxes que l'on paye à l'État à raison de l'inscription ou *enregistrement de certains actes*

(contrats de vente, donation, successions, baux, etc.), sur des registres spéciaux. Il est perçu un *droit proportionnel* quand les actes contiennent transmission de propriétés, de valeurs quelconques, un *droit fixe* dans les autres cas. L'inscription a pour objet d'affirmer l'existence des actes, de leur garantir une date certaine et de leur donner une authenticité incontestable.

5. Le *timbre* est une empreinte imprimée par l'État sur un papier spécial dit *papier timbré* et vendu par lui. Le *papier timbré est obligatoire* pour certains actes tels que, titres de propriété, baux, effets de commerce, etc. Le timbre dit *de dimension* est apposé en encre noire sur des feuilles dont la dimension est variable. Un *prix fixe* est établi pour chaque feuille suivant la dimension. Le timbre dit *proportionnel* est frappé à sec et son prix est proportionnel aux sommes et valeurs dont il indique la transmission. — Les droits d'enregistrement et de timbre sont perçus dans chaque canton par le receveur de l'enregistrement.

6. *Les droits de douane* sont des taxes perçues à la frontière sur tous les objets fabriqués, matières ou denrées qui entrent en France. Les *tarifs douaniers* sont fixés par la loi. Ces droits profitent au Trésor et en même temps, ils protègent notre agriculture et notre industrie contre la concurrence étrangère. — Les douaniers, dont les postes sont établis aux frontières, ont pour mission d'empêcher la fraude et en particulier de surveiller les *contrebandiers*. La contrebande est un véritable vol commis au préjudice de l'État.

Douanier.

QUESTIONNAIRE. — 1. En combien de catégories sont réparties les contributions indirectes ? — 2. Qu'appelle-t-on impôts de consommation ? Qu'est-ce qu'un monopole ? — 3. Par qui sont perçus les impôts de consommation ? Qu'est-ce qu'un octroi ? — 4. Qu'est-ce que les droits d'enregistrement ? — 5... les droits de timbre ? — 6... les droits de douane ? Que pensez-vous de la contrebande et des contrebandiers ?

RÉSUMÉ. — *Les contributions indirectes comprennent les impôts de consommation qui portent sur les boissons, le sel, le sucre, le café, etc. ; les droits d'enregistrement et de timbre qui frappent tous les actes ou écrits publics et privés et les droits de douane qui sont perçus à l'entrée en France sur certains produits agricoles ou industriels.*

63ᵉ LEÇON

Impôt de répartition et impôt de quotité. Impôt proportionnel et impôt progressif. Les centimes additionnels.

1. *L'impôt de répartition* est réclamé en bloc à la commune et la part de chaque contribuable est fixée ultérieurement. Le montant en est connu et le produit assuré. *Tous les contribuables de la commune sont solidaires de cet impôt et doivent parfaire ensemble la somme demandée.* La cote de chacun résulte de l'impôt à répartir.

Les contributions *foncière, personnelle, mobilière* et des *portes et fenêtres* sont des impôts de répartition.

2. *L'impôt de quotité* frappe tout de suite et directement les personnes soumises à la taxe et aucune solidarité n'existe entre les contribuables. Les *cotes sont indépendantes* les unes des autres. Le montant de l'imposition n'est qu'éventuel et il résulte des cotes des contribuables.

La contribution des *patentes et toutes les contributions indirectes sont des impôts de quotité.*

3. La répartition de nos impôts est faite *proportionnellement* à la valeur ou aux revenus des biens que chaque contribuable possède sur le territoire de la commune. Si un propriétaire qui a un revenu de 100 francs paye, je suppose, 5 francs d'impôt, celui qui aura un revenu de 50.000 francs paiera 500 fois 5 francs ou 2.500 francs. C'est *l'impôt proportionnel.*

4. Mais, dit-on, le premier qui n'a que 100 francs de revenu doit prélever l'impôt de 5 francs sur son *nécessaire*, tandis que le second qui a un revenu de 50.000 francs pourra disposer encore de 47.500 francs quand l'impôt sera payé. Son *superflu* seul sera atteint. Le premier est évidemment plus touché que le second. Par application du principe de solidarité, on en conclut que le riche devrait supporter une part plus forte des charges publiques afin d'alléger celle du pauvre. On prélèverait un peu plus *sur le superflu du second* pour conserver *au premier le nécessaire*. C'est là l'idée sur laquelle repose *l'impôt progressif.* — Il en résulterait que celui qui a 5 fois plus de revenu ne paierait pas seulement 5 fois plus d'impôt mais 6 fois ; soit, par exemple, 5 francs d'impôt pour un revenu de 100 francs, 30 francs pour 500 francs au lieu de 25 francs, d'après l'impôt proportionnel et ainsi de suite en aug-

mentant le tant pour cent d'autant plus que le revenu du contribuable est plus élevé.

5. Dans les contributions directes, on distingue deux éléments : le *principal* qui est uniforme pour toute le France et les *centimes additionnels* qui varient suivant les départements et la commune. Un *centime additionnel est la centième partie du principal des contributions directes* venant s'ajouter au principal. Voter un centime, c'est augmenter *d'un centième* le total des contributions directes de chaque contribuable et par suite augmenter *d'un centième* les recettes du département ou de la commune. Il y a les *centimes additionnels ordinaires* qui font face aux dépenses courantes, et les *centimes additionnels extraordinaires* qui font face aux dépenses exceptionnelles.

Exemple : Le revenu total des quatre contributions directes d'une commune est de 12.000 francs, la valeur du centime sera de 12.000 : 100 = 120 francs. En supposant que cette commune contracte un emprunt de 10.000 francs remboursable par annuités de 360 francs, il suffira, pour faire face à cette annuité, de voter 360 : 120 = 3 centimes extraordinaires. En conséquence, les contributions seront augmentées de trois centièmes de leur valeur. De sorte que celui qui payait 30 francs, sera augmenté de trois fois 0 fr. 30, soit 0 fr. 90 et paiera 30 fr. 90 au lieu de 30 francs pendant le temps que durera l'amortissement.

QUESTIONNAIRE. — 1. Qu'appelle-t-on impôt de répartition ?... — 2. Impôt de quotité ? — 3. Qu'entend-on par impôt proportionnel ? — 4... par impôt progressif ? — 5. Qu'est-ce qu'un centime additionnel ?

RÉSUMÉ. — *L'impôt de répartition est demandé en bloc à la commune, l'impôt de quotité frappe directement les personnes soumises à l'impôt. L'impôt est proportionnel quand il est réparti proportionnellement au revenu de chaque contribuable. Il serait progressif s'il était fixé d'après une échelle croissante dont le taux s'élèverait à mesure que le revenu du contribuable serait plus considérable.*

Un centime additionnel est la centième partie du principal des contributions directes venant s'ajouter au principal.

64ᵉ LEÇON

55ᵉ à 63ᵉ leçons.

REVISION

1. L'armée d'autrefois. L'armée nationale. — 2. Différentes armes.

Hiérarchie. — 3. La marine militaire. Son organisation. — 4. L'instruction publique. Les ordres d'enseignement. — 5. Organisation de l'enseignement primaire public. — 6. Les différentes formes de l'impôt. Les contributions directes. — 7. Répartition de l'impôt. Perception des contributions directes. — 8. Les contributions indirectes. 9. Impôt de répartition et impôt de quotité. Impôt proportionnel et impôt progressif. Les centimes additionnels.

LECTURE A COMMENTER

POIDS ÉCRASANT DES IMPOTS SOUS L'ANCIEN RÉGIME

Le roi recevait de ses sujets, en 1789, 500 millions de livres, 20 par tête, qui vaudraient 60 francs aujourd'hui. L'État reçoit actuellement près de 100 francs par tête de Français. Comment se fait-il que le peuple fût, sous l'ancien régime, écrasé sous le poids des taxes ?

Cela tenait d'abord à l'injustice des lois qui faisaient retomber sur les pauvres presque tous les *impôts directs*. Le plus important de tous, *la taille*, n'était pas levé sur les nobles ni sur le clergé. Parmi les offices qu'achetaient les bourgeois, il y en avait 40.000 qui dispensaient de payer la taille. Les petits propriétaires possédant à peine le quart des terres payaient tout. Louis XIV avait créé d'autres impôts : la *capitation*, le *vingtième*, auxquels tous les sujets du roi étaient soumis ; mais les nobles et le clergé étaient loin de payer leur part.

Aux *impôts directs* s'ajoutaient des *impôts indirects*, perçus d'une manière injuste et brutale : 1º *La gabelle* ou impôt sur le sel. L'État, ou plutôt une compagnie de financiers qui avaient affermé ce droit, vendait le sel et le faisait payer à Paris dix fois plus cher qu'aujourd'hui. Toute personne était tenue d'acheter par an 7 livres de sel : c'était le sel de devoir. On ne pouvait s'en servir que pour « le pot et la salière ». Il fallait en acheter d'autre pour saler le lard ou pour les bestiaux.

2º *Les aides*, droits sur diverses marchandises, principalement sur le vin. Les commis des aides avaient le droit de pénétrer à toute heure chez les vignerons, les cabaretiers, les particuliers, pour s'assurer que tout le vin existant dans les caves avait payé les droits. Les artisans et les bourgeois qui achetaient leur vin au détail le payaient ainsi très cher.

3º *Les droits de douane* n'étaient pas seulement perçus à la frontière de la France comme aujourd'hui. Colbert avait supprimé les douanes entre les provinces du Centre et du Nord, formant ce qu'on appelait les 5 grosses fermes, mais les autres provinces avaient gardé leurs bureaux de douanes. Une barrique de vin payait 30 ou 40 taxes de Montpellier à Paris. Chaque fois, les agents goûtaient le vin, qui souvent s'abîmait en route.

A toutes ces taxes royales, il faut ajouter : 1° *la corvée*, travail non payé que les cultivateurs devaient fournir pour réparer les routes, construire des forteresses, transporter les galériens ; 2° *le logement des gens de guerre...*, quand les soldats passaient, on les faisait coucher chez les habitants, qui redoutaient fort ces visiteurs-là ; 3° *les droits féodaux*, réclamés par le seigneur ; 4° *la dîme qu'il fallait payer* au curé. Comment s'étonner de la misère des paysans ?

(Bouniol et Behr, *Histoire de France.* — Librairie : *La Nouvelle Édition.*)

65ᵉ LEÇON

La justice.

Justice civile et Justice criminelle ou pénale.

1. Autrefois, on avait une singulière conception de la justice ; on obligeait les adversaires à se battre, c'était le *duel judiciaire ;* on les soumettait à des épreuves absurdes appelées « jugement de Dieu ». La vie humaine n'était pas garantie. Les crimes restaient souvent impunis. Avant 1789, sous l'ancien régime, l'organisation judiciaire devint un peu meilleure. Cependant la justice était encore *inégale* pour tous, *arbitraire, lente, vénale* et *barbare*.

2. Aujourd'hui, la justice est égale pour tous, l'accusé est réputé innocent, il a toute facilité pour se défendre et, dans beaucoup de cas, il bénéficie de la *loi de sursis*.

3. Il y a lieu de distinguer la *justice civile* et la *justice criminelle.* La justice civile juge les contestations entre particuliers, contestations d'intérêt ou qui portent sur la propriété, l'état civil, etc. La justice criminelle ou pénale réprime les infractions de la loi qu'on appelle, selon leur gravité : contraventions, délits ou crimes.

Il y a aussi la *justice administrative* qui juge les différends dans lesquels l'Administration est en cause (conseil de préfecture, conseil d'État).

4. La justice civile est rendue dans les *justices de paix*, aux chefs-lieux de canton ; dans les *tribunaux de première instance*, aux chefs-

lieux d'arrondissement; dans les 26 *cours d'appel* devant lesquelles sont portés les appels des jugements de première instance.

La justice pénale est rendue dans les justices de paix ou tribunaux de simple police pour les *contraventions*, dans les tribunaux de première instance ou tribunaux correctionnels et dans les cours d'appel pour les *délits*, dans les cours d'assises pour les *crimes*.

Les tribunaux civils et les tribunaux correctionnels sont composés des mêmes magistrats jugeant tantôt au civil, tantôt au criminel.

5. Quand les affaires à juger sont de minime importance, les tribunaux statuent définitivement. Mais, le plus souvent, ils ne jugent qu'en premier ressort. Notre organisation judiciaire a institué *l'appel*, c'est-à-dire la faculté pour celui qui se croit lésé par un premier jugement de demander que sa cause soit portée devant un autre tribunal. Elle a institué aussi la cassation. La Cour de cassation annule les jugements pour vices de forme ou fausse interprétation de la loi.

Questionnaire. — 1. Comment, autrefois, rendait-on la justice ? — 2. Comment, aujourd'hui, est traité l'accusé ? — 3 Qu'est-ce que la justice civile?... la justice criminelle ? — 4. Par quels tribunaux est rendue la justice civile ?... la justice pénale ? — 5. Qu'est-ce que l'appel?... la cassation ?

Résumé. — *Autrefois, la justice était inégale, violente et barbare. Aujourd'hui, elle est égale pour tous, elle est clémente et dans beaucoup de cas indulgente.*

La justice civile juge les différends qui s'élèvent entre particuliers sur l'interprétation de la loi ou sur l'exécution d'une convention. La justice criminelle réprime les infractions aux lois.

Les différents tribunaux sont : la justice de paix, le tribunal de première instance, la Cour d'appel, la Cour d'assises et la Cour de cassation.

66ᵉ LEÇON

Justice de paix. — Tribunaux de première instance.

1. Le premier degré de la justice est la « justice de paix » dont le siège est au chef-lieu de canton, et dans chacun des arrondissements de Paris. Le juge de paix a deux suppléants, qui le remplacent en cas d'empêchement. Juge et suppléants sont nommés par le Président de la République. Le juge de paix est plutôt un *conciliateur* qu'un juge. Comme l'indique son beau nom, il a pour mission de résoudre pacifiquement les différends entre les

citoyens qu'il appelle d'abord en *conciliation*. S'il ne parvient pas à les mettre d'accord, il exerce son office de juge. Il prononce définitivement et sans appel si la valeur de l'objet en litige ne dépasse pas 300 francs ; il juge seulement en premier ressort, quand la somme varie de 300 francs à 1.500 francs. Dans ce dernier cas, le plaideur mécontent peut en appeler de la décision du juge de paix devant le tribunal de première instance. — La compétence du juge de paix, en premier ressort, est illimitée lorsqu'il s'agit de dommages causés aux champs, aux récoltes, etc., et dans les affaires dites *possessoires*, lesquelles ont pour but, lorsqu'il y a eu empiètement, de maintenir ou de réintégrer une personne dans sa possession.

2. En matière criminelle, le tribunal du juge de paix prend le nom de *tribunal de simple police*. Il juge les *contraventions*, c'est-à-dire la violation d'un arrêté du maire, du préfet ou d'un règlement de police. Les contraventions peuvent être punies d'une amende de 1 à 15 francs ou d'un emprisonnement de 1 à 5 jours. Toutes les fois qu'il y a condamnation à la prison ou que les amendes prononcées excèdent la somme de 5 francs, la décision du juge de paix peut être attaquée par voie d'appel devant le tribunal de première instance.

3. Le juge de paix convoque et préside les *conseils de famille*, il appose et lève les scellés après décès ou en cas de faillite. Il dresse les actes d'adoption, d'émancipation, etc.

4. Le *tribunal de première instance* est un corps de magistrats ou juges nommés par le gouvernement et siégeant au chef-lieu d'arrondissement. L'un des magistrats porte le titre de *président du tribunal* et un autre celui de *juge d'instruction*. Ce dernier instruit les affaires relatives aux délits ou aux crimes ; il interroge les accusés, les témoins, etc... Auprès de chaque tribunal, il y a un *parquet* comprenant un *procureur de la République*, un ou plusieurs *substituts*, un ou plusieurs *greffiers*, des *huissiers*, des *avoués* qui représentent les parties. Les *avocats* défendent les intérêts des plaideurs (justice civile) et des prévenus ou accusés (justice criminelle).

5. Le tribunal de première instance est tantôt tribunal civil, tantôt tribunal criminel ou correctionnel. En matière civile, il juge en dernier ressort jusqu'à 1.500 francs et en premier ressort au dessus de 1.500 francs. Il juge les affaires commerciales lorsqu'il n'y a pas dans l'arrondissement de tribunal de commerce. Sur appel, il peut réformer les jugements prononcés en premier ressort par les juges de paix. — En matière criminelle, les tribunaux de première instance jugent les *délits*, c'est-à-dire les infractions à la loi

comme le vol simple, les délits de chasse, de pêche, les coups et blessures, etc. Ces jugements sont toujours susceptibles d'appel.

QUESTIONNAIRE. — 1. Qu'est-ce que le juge de paix ? Quelles sont ses attributions en matière civile ? — 2. ... en matière criminelle ? — 3. Quelles sont les fonctions extrajudiciaires dévolues au juge de paix ? — 4. Qu'est-ce que les tribunaux de première instance ? Comment sont-ils composés ? Qu'est-ce que le parquet ? — 5. Quelles sont les attributions des tribunaux d'arrondissement ?

RÉSUMÉ. — *Le juge de paix a surtout pour mission de concilier les parties en cause et d'éviter les procès. Il siège au chef-lieu de canton et forme à lui seul un tribunal. Il prononce en dernier ressort si la valeur du litige ne dépasse pas 300 francs. En matière criminelle, il juge les contraventions.*

Le tribunal de première instance siège au chef-lieu d'arrondissement. Il est tantôt tribunal civil, tantôt tribunal correctionnel ; dans ce dernier cas, il juge les délits. Il peut, sur appel, réformer les jugements prononcés en premier ressort par les juges de paix.

67ᵉ LEÇON

Cour d'appel. — Ministère public.

1. Les cours d'appel sont des tribunaux devant lesquels on interjette appel des jugements rendus par les tribunaux de première instance. Il y a en France vingt-sept cours d'appel ; leur juridiction s'étend généralement sur plusieurs départements. Les magistrats qui composent les cours d'appel se nomment *conseillers* et ils constituent une ou plusieurs *chambres* ayant chacune à leur tête un *président*. La cour tout entière a pour chef un *premier président*. Dans chaque cour d'appel il y a au moins trois chambres : 1° *la chambre civile* ; 2° *la chambre criminelle* qui revisent les jugements civils ou correctionnels des tribunaux de première instance ; *la chambre des mises en accusation* qui examine les affaires criminelles et décide si les accusés doivent ou non être renvoyés devant la *cour d'assises*.

2. En face des juges de cours d'appel sont placés des fonctionnaires nommés par le ministre de la Justice ; ce sont le *procureur général* et ses *substituts, les avocats généraux* lesquels forment le *parquet général*.

3. Le *ministère public* est un corps de magistrats institués auprès des tribunaux pour requérir l'application des lois et pour veiller au maintien de l'ordre public. Tous les membres du ministère public dépendent du gouvernement qui les nomme et les révoque.

Ils forment ce qu'on nomme la *magistrature debout ;* ils sont *amovibles* et *révocables,* contrairement aux magistrats chargés de rendre les jugements; ceux-ci constituent la *magistrature assise* et sont *inamovibles.*

4. Le ministère public est représenté à tous les degrés de la justice : auprès du tribunal de simple police par le commissaire de police ou, à défaut de commissaire de police, par le maire et les adjoints; auprès des tribunaux de première instance par le procureur de la République assisté d'un ou de plusieurs substituts; auprès des cours d'appel par un procureur général assisté d'avocats généraux et de substituts; auprès de la Cour de cassation par un procureur général, un premier avocat général et cinq avocats généraux.

5. Un officier remplit les fonctions de ministère public devant les conseils de guerre, le secrétaire général de la préfecture devant les conseils de préfecture, les maîtres des requêtes devant le conseil d'État.

6. Les membres du ministère public sont les avocats de la loi; ils prennent des conclusions pour l'application des peines ; ils représentent la société et soutiennent les intérêts de la justice tandis que les avocats défendent devant les juges les intérêts des plaideurs ou des prévenus.

QUESTIONNAIRE. — 1. Qu'est-ce que les cours d'appel ? Combien chaque cour d'appel comprend-elle de chambres et quelles sont-elles ? — 2. Qu'est-ce que le parquet général ? — 3. Qu'est-ce que le ministère public ? Qu'entend-on par magistrature debout, magistrature assise ? — 4-5. Par qui est représenté le ministère public devant les différents tribunaux ? — 6. Quels intérêts soutiennent les membres du ministère public?... les avocats ?

RÉSUMÉ. — *Les cours d'appel sont des tribunaux institués pour juger une seconde fois les affaires déjà jugées par les tribunaux de première instance. Chaque Cour d'appel comprend une chambre civile, une chambre criminelle et une chambre de mises en accusation.*

Le ministère public est un corps de magistrats placés auprès des tribunaux pour requérir l'application des lois. Ce sont : le commissaire de police près du tribunal de simple police, le procureur de la République et ses substituts près des tribunaux de première instance, les procureurs généraux et les avocats généraux près des Cours d'appel.

68ᵉ LEÇON

Jury. — Cour d'assises. — Cour de cassation.

1. *Le jury* est la réunion de douze citoyens tirés au sort sur une liste de quarante membres pour juger les affaires criminelles. Cette liste est dressée tous les ans dans chaque département par des commissions spéciales, à raison de un juré par 500 habitants sans que le nombre puisse être inférieur à 400 ni supérieur à 600... A chaque session de cour d'assises, on désigne dans la *liste annuelle départementale*, par voie de tirage au sort, les noms des 36 jurés formant *la liste de la session*. On tire, en outre, les noms de quatre jurés supplémentaires. Ces jurés sont pris parmi les jurés de la ville où siègent les assises. Pour chaque affaire, le président tire au sort sur la liste de session les noms de 12 jurés qui sont appelés à siéger et qui forment le jury.

2. *Les cours d'assises* ont pour mission de juger les crimes, c'est-à-dire les infractions les plus graves contre la loi, les attentats que le Code pénal punit de peines afflictives et infamantes. Elles se réunissent quatre fois par an. Il y a une cour d'assises par département. La cour d'assises est formée de deux éléments bien distincts : la Cour et le Jury.

3. La Cour comprend trois magistrats : le président des assises qui est toujours un conseiller à la Cour d'appel et deux assesseurs. Le président dirige les débats, interroge l'accusé et les témoins, rédige le questionnaire à soumettre au jury. La Cour applique la peine aux accusés déclarés coupables par le jury, et c'est le président qui donne lecture de la sentence. Les jurés prennent place à côté de la Cour. Ils entendent la lecture de l'acte d'accusation, l'interrogatoire de l'accusé, le réquisitoire du ministère public, la plaidoirie de l'avocat. Les débats déclarés clos, le jury se retire pour délibérer sur les questions posées par le président. Ils y répondent par oui ou par non; c'est ce qu'on appelle le *verdict* du jury. Le jury peut accorder aux coupables le bénéfice des *circonstances atténuantes*.

4. La *Cour de cassation* est un tribunal placé au-dessus de tous les tribunaux. Elle siège à Paris. On l'appelle aussi Cour suprême. Elle comprend 45 conseillers ayant à leur tête un premier président et trois présidents de chambre, tous nommés par le Gouvernement et inamovibles. Elle se partage en 3 chambres : la

chambre des requêtes, la chambre civile et la chambre criminelle.

5. Tous les jugements rendus en dernier ressort peuvent être déférés à la Cour de cassation. Celle-ci n'examine pas si les jugements ont été bien ou mal rendus, mais elle s'assure que les formes prescrites par la loi ont été exécutées. Elle ne statue pas sur le fonds mais seulement sur la forme des jugements. Si un vice de forme est relevé ou si la loi a été mal interprétée, la cour *casse* le jugement et renvoie l'affaire devant une autre Cour d'appel ou une autre Cour d'assises pour être jugée à nouveau. Si ce tribunal juge de la même manière que le premier, la Cour statue en *audience solennelle*, c'est-à-dire les trois chambres réunies, et si le nouveau jugement est cassé, le tribunal devant lequel l'affaire est renvoyée doit se conformer à son opinion.

QUESTIONNAIRE. — 1. Qu'est-ce que le jury ? — 2. Qu'est-ce que la cour d'assises ? — 3. Combien la cour comprend-elle de magistrats ? Qu'appelle-t-on circonstances atténuantes ? — 4. Qu'est-ce que la cour de cassation ? Quelles sont ses attributions ?

RÉSUMÉ. — *Le jury est la réunion de douze citoyens pour juger les affaires criminelles. Leurs noms sont tirés au sort sur une liste spéciale.*

La Cour d'assises a pour mission de juger les crimes. Elle comprend deux éléments bien distincts : la Cour proprement dite et le jury. La Cour se compose d'un président et de deux assesseurs.

La Cour de cassation est le tribunal suprême. Elle casse les jugements rendus par suite d'une fausse interprétation de la loi ou dans lesquels un vice de forme a été relevé.

69e LEÇON

La justice (suite et fin).

Tribunaux spéciaux (conseils de guerre, tribunaux de commerce, conseils de prud'hommes).

Tribunaux administratifs (conseils de préfecture et Conseil d'État).

1. Les *conseils de guerre* jugent les délits et les crimes commis par les militaires. Tribunal et ministère public sont exclusivement composés d'officiers. L'accusé peut être défendu par un avocat.

2. Les *tribunaux de commerce* sont institués dans les villes où le commerce et l'industrie sont particulièrement développés. Ils jugent les contestations qui s'élèvent entre commerçants sur des affaires commerciales. Les membres sont élus par les commerçants eux-

mêmes. Chaque tribunal est composé d'un président, de plusieurs juges (2 à 14), et de suppléants. Les tribunaux de commerce statuent en dernier ressort sur les appels des conseils de prud'hommes et sur toutes les affaires dont le principal n'excède pas la valeur de 1.500 francs. Ils statuent sur des affaires plus importantes, mais leurs jugements sont susceptibles d'appel devant la cour. Le tribunal de commerce décide les liquidations judiciaires et prononce les faillites ; il nomme les liquidateurs et les syndics.

3. Les *conseils de prud'hommes* ont pour mission de juger les différends entre ouvriers et patrons. Ils existent dans la plupart des villes manufacturières et sont composés en nombre égal de patrons et d'ouvriers. Les prud'hommes patrons sont élus par les patrons, les prud'hommes ouvriers par les ouvriers. Le nombre total des conseillers doit être au moins de six ; ils élisent un président et un vice-président. Si le président est un patron, le vice-président doit être un ouvrier et inversement, si le président est un ouvrier, le vice-président doit être un patron. Les jugements des conseils de prud'hommes sont définitifs pour les affaires dont la valeur ne dépasse pas 200 francs. Au delà de ce chiffre on peut appeler de leurs jugements devant le tribunal de commerce ou le tribunal de première instance.

4. Le *conseil de préfecture* est un tribunal administratif siégeant au chef-lieu du département et composé de trois ou quatre membres appelés conseillers de préfecture. L'un d'eux porte le titre de vice-président, le préfet étant président de droit. Les conseillers sont nommés par le Gouvernement et révocables.

Le conseil de préfecture juge les contestations entre les particuliers et l'État, les demandes en dégrèvement pour les contributions directes, les réclamations pour dommages causés par les travaux publics, etc. Il juge aussi les contestations soulevées à propos des élections des conseillers municipaux, des conseillers d'arrondissement, des conseillers prud'hommes. On peut appeler de ses jugements devant le Conseil d'État.

5. Le *Conseil d'État* statue sur les appels interjetés contre les décisions rendues par les conseils de préfecture, sur les pouvoirs formés contre les décrets, contre les arrêtés ministériels, préfectoraux et municipaux, contre les décisions rendues par les tribunaux universitaires, sur les contestations relatives à l'élection des membres des conseils généraux, etc. Dans toutes ces questions, le Conseil d'État statue souverainement.

QUESTIONNAIRE. — 1. Qu'est-ce que les conseils de guerre ? — 2. Qu'est-ce que les tribunaux de commerce ? Quelles sont leurs attributions ? — 3. Qu'est-ce que les conseils de prud'hommes ? Comment sont-ils composés ? 4. Qu'est-ce que le conseil de préfecture ? Quelles sont ses attributions ? — 5. Quelles sont les attributions du Conseil d'État ?

RÉSUMÉ. — *Les Conseils de guerre jugent les délits et les crimes commis par les militaires. Les tribunaux de commerce sont institués dans les villes commerçantes ; ils jugent les contestations qui s'élèvent entre commerçants sur des affaires commerciales. Les Conseils de prud'hommes jugent les différends entre patrons et ouvriers. Ils sont composés en nombre égal de patrons et d'ouvriers. Le Conseil de préfecture juge les contestations entre les particuliers et l'État ainsi que les protestations soulevées à propos des élections des conseillers municipaux, des conseillers d'arrondissement et des conseillers prud'hommes. Le Conseil d'État statue en dernier ressort sur ces différends et ces protestations. Il juge également les contestations relatives à l'élection des conseillers généraux.*

70ᵉ LEÇON

REVISION

65ᵉ, 66ᵉ, 67ᵉ, 68ᵉ et 69ᵉ leçons.

1. La justice. Justice civile. Justice criminelle ou pénale. — 2. Justice de paix. Tribunaux de première instance. — 3. La Cour d'appel. Ministère public. — 4. Jury. Cour d'assises. Cour de cassation. — 5. Tribunaux spéciaux (conseils de guerre, tribunaux de commerce, conseils de prud'hommes). — Tribunaux administratifs (conseil de préfecture, conseil d'État).

LECTURE A COMMENTER

L'INSTITUTION DU JURY

Le jury peut être défini la réunion d'un certain nombre de citoyens investis par la loi d'un pouvoir temporaire de juridiction. L'idée de mêler des citoyens à l'administration de la justice est ancienne ; déjà les lois et coutumes de l'époque barbare et féodale instituent des juridictions qui ne sont autres que le jury. Mais l'institution disparut en France pendant des siècles. Les justices royales et les parlements eurent seuls le droit de juridiction.

L'Assemblée Constituante institua deux jurys : le jury d'accusation et le jury de jugement. Le jury de jugement seul a été maintenu : il a, du reste, subi des transformations nombreuses. Il est actuellement régi par les lois des 21 novembre 1872, 19 mars 1097 et 17 juillet 1908.

Le rétablissement du jury ne s'opéra pas sans résistance : comment pouvait-on penser à investir une réunion d'inconnus, sans instruction ni éducation professionnelles, des pouvoirs redoutables autrefois remis aux juges du Châtelet et de la Tournelle ? Comment confier cette mission de juger les plus grands crimes à de simples citoyens qui, le verdict rendu, vont se perdre dans la foule, affranchis de toute responsabilité ? Auront-ils une fermeté suffisante dans la répression ? Ne se feront-ils pas les esclaves de l'opinion publique, si mobile et parfois si injuste ? Mais ces raisons cédèrent devant les considérations d'ordre supérieur, qui ont fait que le jury a été établi dans tous les pays dotés d'un gouvernement plus ou moins libéral. En effet, le juge de profession en arrive peu à peu à se forger, par une pente naturelle de l'esprit humain, des habitudes et un système d'appréciation morale des faits absolument incompatibles avec la variété et les nuances infinies de la culpabilité individuelle ; le spectacle du crime et l'habitude de la répression endurcissent plus ou moins le cœur du juge ; la répression du grand criminel abandonnée à des magistrats risquerait d'être trop sévère. Inconvénients qui n'existent pas avec un jury : soustrait aux influences professionnelles, il juge humainement les choses humaines. L'attribution aux citoyens d'une des fonctions importantes de l'État est bien conforme aux principes qui régissent les États constitutionnels.

(Grande Encyclopédie du dix-neuvième siècle.)

CHAPITRE VII

ADMINISTRATION

71ᵉ LEÇON

La Commune. — Le Conseil municipal, ses attributions.

1. Une commune est une portion du territoire français administrée par un maire assisté d'un conseil municipal. C'est la plus petite division administrative. C'est aussi une réunion de familles habitant un même territoire, ayant des intérêts communs et possédant le droit de s'administrer elles-mêmes. La commune comprend le plus souvent un certain nombre de *hameaux* réunis à un *chef-lieu*.

Au moyen âge, nos pères ont lutté pour leur affranchissement et leur émancipation. Quelques villes arrachèrent par les armes leurs libertés communales aux évêques ou aux seigneurs féodaux. (Histoire des communes de Laon et de Vézelay.) C'est la Révolution qui érigea toutes les paroisses en communes libres.

2. La commune jouit de la *personnalité civile*; c'est-à-dire qu'elle a le droit de posséder, d'acquérir, de vendre, de recevoir des legs, de plaider en justice. Il y a des communes qui comptent plusieurs centaines de mille habitants comme Paris, Marseille, Lyon; il y en a qui en comptent à peine quelques centaines. Il y a en France un peu plus de 36.000 communes.

3. Les biens possédés par la commune constituent le *domaine communal* qui se divise en *domaine public* (rues, fontaines, lavoirs, chemins vicinaux et ruraux, etc.), et *domaine privé* (maisons, terrains, bois, mairie, écoles, hospices, etc.). On appelle *biens communaux*, les pâturages communs, les bois dont la coupe est partagée entre les habitants, sous le nom d'affouages.

Nous devons aimer notre commune; c'est là que nous sommes

nés, que nos parents résident, que nos ancêtres reposent. Aimer son pays natal, c'est déjà aimer la France.

4. Pour administrer les affaires communales, les électeurs nomment des *conseillers municipaux* dont le nombre varie suivant la population. Il ne peut être inférieur à 10, ni supérieur à 36, sauf pour Lyon qui en compte 54 et Paris 80.

Peuvent être élus conseillers municipaux, les électeurs âgés de 25 ans au moins, domiciliés dans la commune ou qui sont inscrits au rôle des contributions directes. Ils sont élus pour quatre ans au scrutin de liste.

5. Le conseil municipal se réunit au moins quatre fois par an, en session ordinaire : en février, mai, août et novembre. Chaque session peut durer 15 jours. Celle de mai, pendant laquelle on discute le budget, peut durer six semaines.

Le conseil municipal peut, en outre, se réunir en session extraordinaire sur l'initiative du préfet, du maire ou de la majorité du conseil. Les séances ont lieu à la mairie et elles sont publiques.

6. Le conseil municipal élit le maire et les adjoints; il délibère sur toutes les affaires concernant les communes, telles que : construction ou réparation de bâtiments communaux, de routes, de lavoirs, traitement des salariés de la commune, acquisition et vente de propriétés, etc. Il élit un ou plusieurs délégués sénatoriaux et vote le budget communal.

QUESTIONNAIRE. — 1. Qu'est-ce qu'une commune ? — 2. Qu'entendez-vous par la personnalité civile ? — 3. Que comprend le domaine communal ? — 4. Qu'appelle-t-on conseil municipal ? Quel peut être le nombre des conseillers municipaux ? — 5. Quand se réunit le conseil municipal ? — 6. Quelles sont les attributions des conseillers municipaux.

RÉSUMÉ. — Une commune est une partie du territoire français administrée par un maire assisté d'un conseil municipal. La commune jouit de la personnalité civile, c'est-à-dire qu'elle peut posséder, acquérir, vendre, emprunter, plaider, etc.

Le conseil municipal est une assemblée élue pour quatre ans, par le suffrage universel et au scrutin de liste. Il se réunit en session ordinaire en février, mai, août et novembre, et en session extraordinaire toutes les fois qu'il est nécessaire. Il nomme le maire et les adjoints, délibère sur toutes les affaires qui intéressent la commune et vote le budget communal.

72e LEÇON

Le Maire : ses attributions. — Le budget communal.

1. Le maire est élu par le conseil municipal parmi les conseillers municipaux, au scrutin secret et à la majorité absolue des suffrages. Si, après deux tours de scrutin, aucun candidat n'a obtenu la majorité absolue, il est procédé à un troisième tour de scrutin, et l'élection a lieu à la majorité relative. En cas d'égalité de suffrages, le plus âgé est élu. La séance, dans laquelle il est procédé à l'élection du maire, est présidée par le doyen d'âge. Les fonctions de maire sont gratuites.

2. Le maire est le représentant de la commune et le délégué du gouvernement. Comme chef de la commune, il préside les séances du conseil municipal dont il fait exécuter les décisions, il administre les propriétés de la commune et en gère les revenus, il prépare le budget avant de le soumettre aux délibérations du conseil municipal, il nomme tous les agents salariés, par la commune : employés de mairie, agents de police, gardes champêtres, etc.; il dirige les travaux communaux, passe les actes de vente, d'acquisition, souscrit les marchés, les adjudications qui concernent les biens ou les travaux communaux. Il représente la commune en justice.

3. Comme représentant de l'État, le maire est chargé de la publication et de l'exécution des lois et règlements sur le territoire de la commune, du maintien de l'ordre, de la confection des listes électorales, de certaines opérations relatives au recrutement de l'armée, etc. Il réglemente, par voie d'arrêtés, la police et la voirie municipales. Il assiste le procureur de la République et le juge d'instruction dans la recherche des délits, des contraventions et même des crimes.

4. Le maire est assisté d'un ou de plusieurs adjoints qui le suppléent en cas d'empêchement ou d'absence. Ils sont élus dans les mêmes conditions que le maire. Leur nombre varie selon le chiffre de la population de la commune. Dans la plupart des communes rurales, il n'y a qu'un seul adjoint. Dans les grandes villes, le maire délègue quelques-unes de ses fonctions (instruction primaire, finances, travaux publics, etc.), à ses différents adjoints.

5. Le budget communal est le tableau annuel des recettes et des dépenses de la commune. Il y a pour chaque année deux budgets :

le budget principal ou *primitif* et le budget supplémentaire ou *additionnel*. Le budget primitif est préparé par le maire pour l'année suivante. Il est soumis au conseil municipal dans la session de mai.

6. Le budget comprend deux titres : recettes, dépenses. Les principales sources de recettes proviennent des revenus du domaine communal, du produit des impôts (droits sur les patentes, sur les permis de chasse, sur les chevaux et voitures, etc.), de la taxe sur les chiens, des concessions dans les cimetières, du produit des centimes additionnels, des droits de place et d'octroi, etc., des subventions de l'État et du produits des emprunts.

7. Les principales dépenses communales concernent l'entretien des bâtiments communaux, les traitements des agents de la commune, les frais de bureau et les frais des registres de l'État civil, l'entretien des rues, des chemins ruraux, l'instruction primaire, le service des emprunts, etc. (Montrer aux élèves une délibération du conseil municipal, un arrêté du maire, une copie des budgets primitif et additionnel.)

QUESTIONNAIRE. — 1. Par qui le maire est-il élu ? — 2. Quelles sont les attributions du maire comme chef de la commune ? — 3... comme représentant de l'État ? — 4. Comment sont élus les adjoints et quelles sont leurs attributions ? — 5. Qu'est-ce que le budget communal ? — 6. Quelles sont les principales recettes de la commune ? — 7... les principales dépenses ?

RÉSUMÉ. — *Le maire est le représentant de la commune et le délégué du gouvernement. Il administre la commune, prépare le budget, prend des arrêtés pour réglementer la police et la voirie municipales.*

Le budget est le tableau annuel des recettes et des dépenses de la commune. Les principales recettes proviennent des revenus des biens communaux, des centimes additionnels, des subventions de l'État et des droits d'octroi. Les principales dépenses s'appliquent aux frais de l'administration communale, à l'entretien des bâtiments communaux et des chemins ruraux.

73ᵉ LEÇON

L'État civil.

1. Le maire est *officier de l'état civil*, c'est-à-dire qu'il est chargé de la tenue des registres sur lesquels sont inscrits les actes de naissance, de mariage et de décès. Une ordonnance de François Iᵉʳ (1539) prescrivait la tenue des registres de baptêmes. En 1579, une ordonnance royale imposait aux curés l'obligation de tenir des

registres de baptêmes, mariages et enterrements. Enfin la loi du 20 septembre 1792 retira au clergé la tenue des registres de l'état civil pour la confier aux municipalités. Jusqu'à cette époque, les protestants et les juifs n'avaient pas d'état civil.

2. Il est de la plus haute importance qu'il soit pris acte des naissances, des mariages et des décès. Sans ces renseignements précis, il serait impossible de dresser les listes de recensement des jeunes gens qui doivent faire leur service militaire et qui sont nés, par conséquent, vingt ans auparavant, on ignorerait le nombre et les noms de ceux qui sont morts dans l'intervalle. — A vingt et un ans, on est électeur, comment, sans l'état civil, constater l'âge des citoyens ? Comment faire disparaître de la liste des contribuables ceux qui sont décédés ? Comment percevoir les droits de succession ? etc., etc.

3. Dans un grand nombre de circonstances, on a besoin de faire constater son âge d'une manière authentique ; pour se présenter aux examens, pour se marier, pour demander une retraite, etc. Aussi l'État a-t-il prescrit des règles générales pour la tenue de tous les actes de l'état civil et des règles spéciales pour chacun de ces actes.

4. Tout d'abord, les actes de l'état civil doivent être rédigés sur des registres tenus en double et composés de feuilles de papier timbré. Chaque feuille est numérotée et paraphée par le président du tribunal civil afin d'empêcher les additions ou les retranchements. L'un des registres reste aux archives de la commune, l'autre est envoyé à la fin de l'année au greffe du tribunal d'arrondissement. Cette précaution est prise en vue d'empêcher les chances de destruction ou de perte. Tout citoyen peut demander la copie d'un acte de l'état civil.

5. Pour les déclarations de naissance, le délai est de trois jours à dater de celui de la naissance. La déclaration est faite à la mairie du lieu où est né l'enfant, par le père ou à son défaut par toute personne qui a assisté à la naissance. L'acte énonce le jour, le lieu de la naissance, le sexe de l'enfant et les prénoms qui lui sont donnés, les noms, prénoms, profession et domicile des père et mère et des deux témoins.

6. L'acte de mariage est précédé de deux publications faites à huit jours d'intervalle et affichées à la porte de la mairie de la commune où les futurs époux ont leur domicile. La célébration du mariage est publique et a lieu au domicile de l'un des deux époux en présence de quatre témoins. Après s'être assuré du consentement des parents, le maire donne lecture des articles du Code,

relatifs au mariage, puis il prononce solennellement l'union. L'acte est signé par les époux, leurs parents, les quatre témoins et l'officier de l'état civil.

7. La déclaration d'un décès doit être faite par deux témoins, parents ou voisins du décédé, autant que possible. Ces actes, comme les actes de naissance sont signés des témoins et du maire. L'acte de décès mentionne les nom, prénoms, âge, profession et domicile du défunt et du survivant si le décédé était marié.

Le décès est constaté par un médecin et l'inhumation ne peut avoir lieu que vingt-quatre heures après le décès.

8. Nos agents diplomatiques et consulaires dressent les actes de l'état civil des Français qui se trouvent à l'étranger. Les sous-intendants remplissent les fonctions d'officier de l'état civil s'il s'agit de militaires ou de personnes à la suite des armées. (Lire aux élèves un acte de naissance, un acte de mariage et un acte de décès.)

QUESTIONNAIRE. — 1. En quoi consistent les fonctions d'officier de l'état civil ? — 2-3. Pourquoi ces registres sont-ils utiles ? — 4. Pourquoi les registres sont-ils cotés et paraphés ? Pourquoi envoie-t-on un exemplaire au greffe de l'arrondissement ? — 5. Que savez-vous des déclarations de naissances ? — 6... des actes de mariage ? — 7... des déclarations de décès ? — 8. Par qui les registres sont-ils tenus à l'étranger, aux armées ?

RÉSUMÉ. — *Le maire est officier de l'état civil. Les actes de l'état civil sont les actes de naissances, de mariages et de décès. Ils sont rédigés sur deux registres et sur papier timbré. Tout acte de l'état civil doit contenir tous les renseignements exigés par la loi. Tout citoyen peut demander copie de ces actes. Ces copies sont appelées expéditions ou extraits.*

74ᵉ LEÇON

Le canton. — L'arrondissement.

1. Le *canton* est une portion du territoire français comprenant ordinairement plusieurs communes. Il n'a pas d'administrateur spécial, de représentant du pouvoir exécutif, ni d'assemblée élue. Le canton est une circonscription judiciaire dans laquelle s'exerce la juridiction du juge de paix; il est une circonscription électorale, il sert de base pour les élections au Conseil général et au Conseil d'arrondissement; il est aussi une circonscription militaire, les opérations de revision des jeunes gens pour le recrutement de l'armée ayant lieu au chef-lieu de canton.

2. Le canton n'a pas la personnalité civile comme la **commune**. Il n'a pas de budget, pas de propriétés, il ne peut ni posséder, ni recevoir de legs, ni acquérir, ni vendre, etc. Il y a, en France, environ 2.900 cantons. Au chef-lieu de canton, résident un juge de paix, un receveur de l'enregistrement, un agent-voyer, un percepteur des contributions directes, un receveur des contributions indirectes et quelquefois un commissaire de police.

3. L'*arrondissement* est une partie du territoire français qui comprend plusieurs cantons. Il est administré par un sous-préfet assisté d'un conseil d'arrondissement. C'est une circonscription électorale qui a au moins un député. Comme le canton, l'arrondissement n'a pas la personnalité civile. Il n'y a pas de budget d'arrondissement. Il y a en France 362 arrondissements.

Différents services ont leur siège au chef-lieu d'arrondissement : sous-préfecture, tribunal de première instance, recettes des finances, inspecteur de l'enseignement primaire, conservation des hypothèques, etc.

4. Le *sous-préfet* est nommé par le gouvernement qu'il représente dans les cérémonies publiques. Il fait parvenir aux maires les instructions du préfet dont il est l'auxiliaire. Il veille à l'exécution des lois, il nomme les répartiteurs, il transmet au préfet les réclamations des contribuables. En cas d'urgence, il peut requérir la force publique pour maintenir l'ordre. Il agit sous le contrôle du préfet.

5. Le *Conseil d'arrondissement* est une assemblée élue par le suffrage universel pour une durée de six ans à raison de un membre au moins par canton. Il se renouvelle par moitié et il doit comprendre autant de membres que l'arrondissement a de cantons sans que le nombre puisse être inférieur à neuf. Si l'arrondissement compte moins de neuf cantons, certains cantons ont le droit d'élire plusieurs conseillers.

6. Sont éligibles, les citoyens âgés de vingt-cinq ans, jouissant de leurs droits civils et politiques, domiciliés dans l'arrondissement ou y payant une des quatre contributions directes.

7. Le Conseil d'arrondissement élit son président, son vice-président et son secrétaire. Il délibère sur les réclamations formulées sur la fixation du contingent des contributions directes ainsi que sur les demandes en réduction formées par les communes. Il répartit entre les communes les contributions directes que le Conseil général a mises à la charge de l'arrondissement. Il donne son avis sur le classement des chemins vicinaux de grande communication, sur l'établissement ou la suppression des marchés et

des foires. Il peut émettre des vœux sur les affaires qui intéressent la région.

Les conseillers d'arrondissement sont, de droit, électeurs sénatoriaux. (Au moyen de la carte du département, montrer aux élèves le canton, puis l'arrondissement, en fixer les limites, indiquer les particularités physiques, les ressources économiques, etc.)

QUESTIONNAIRE. — 1. Qu'est-ce que le canton ? — 2. Quels sont les fonctionnaires qui résident au chef-lieu de canton ? — 3. Qu'est-ce que l'arrondissement ? Quels sont les services dont le siège est au chef-lieu d'arrondissement ? — 4. Qu'est-ce que le sous-préfet ? Quelles sont ses attributions ? — 5. Qu'est-ce que le Conseil d'arrondissement ? — 6. Comment sont élus les conseillers d'arrondissement ? — 7. Quelles sont leurs attributions ?

RÉSUMÉ. — *Le canton est une circonscription territoriale comprenant ordinairement plusieurs communes. Il n'a ni administrateur spécial, ni assemblée élue. Il élit un conseiller général et un ou plusieurs conseillers d'arrondissement. Il est le siège d'une justice de paix.*

L'arrondissement est une portion du territoire français comprenant plusieurs cantons. Il est administré par un sous-préfet assisté d'un conseil d'arrondissement. Le conseil d'arrondissement répartit entre les communes les impôts attribués à l'arrondissement par le Conseil général. Chaque arrondissement élit au moins un député.

75ᵉ LEÇON

Le département. Le préfet.

1. Avant 1789, la France était divisée en provinces. A la tête de chacune d'elles, il y avait un administrateur unique, l'intendant nommé par le roi. Ces provinces formaient comme autant de petites Frances souvent ennemies les unes des autres, ayant des mœurs et des intérêts différents, parfois opposés. Elles étaient d'étendues très inégales et leur administration variait d'une province à l'autre. Elles étaient une entrave pour l'unité nationale.

2. Pour faire disparaître les rivalités, les préjugés locaux, l'esprit provincial, l'Assemblée constituante supprima les anciennes provinces et créa les départements actuels qui ont une étendue à peu près égale et une administration uniforme. Les distinctions de tradition et de mœurs ont disparu et il n'y a plus sur le territoire que des citoyens français ayant mêmes intérêts, mêmes mœurs, mêmes besoins. Il y a aujourd'hui en France 86 départements auxquels il

faut joindre le territoire de Belfort et les trois départements de l'Algérie,

3. Le *département* est une étendue de territoire comprenant plusieurs arrondissements et administrée par un préfet assisté d'un conseil de préfecture nommé et d'un conseil général élu. Comme la commune, le département jouit de la *personnalité civile*. Il possède de nombreux immeubles tels que l'hôtel de la préfecture, les locaux des sous-préfectures, les palais de justice, les écoles normales primaires, les casernes de gendarmerie, des asiles, des hôpitaux, etc. Les routes départementales, certains canaux, certains chemins de fer lui appartiennent. Il peut également être propriétaire de biens fonciers, terrains, bois, étangs, etc. Il peut vendre et acquérir. Une part des impôts est mise à sa disposition pour entretenir ses propriétés, pour payer ses employés. Comme la commune, il a son budget.

4. Le préfet est nommé par le Président de la République, sur la proposition du ministre de l'Intérieur. Il administre le département et représente le gouvernement ; il est l'agent direct du pouvoir exécutif, le supérieur hiérarchique de tous les fonctionnaires du département. — Comme administrateur du département, le préfet soumet au conseil général les rapports sur les affaires qu'il a étudiées, il prépare le budget départemental, il fait exécuter les décisions du conseil général, il assiste aux délibérations de cette assemblée ; il représente le département devant les tribunaux, il signe les contrats et les marchés, il ordonnance toutes les dépenses départementales, etc. Comme *tuteur des communes*, il peut approuver, modifier ou rejeter les budgets annuels des communes, les projets de contrats de vente ou d'achat qu'elles veulent passer, les projets de constructions communales, les plans d'alignement des villes, etc.

5. Comme représentant du gouvernement, il correspond directement avec tous les ministres. Il assure dans le département l'exécution des lois, décrets et décisions ministérielles. Il maintient l'ordre public. Il peut requérir la force armée pour assurer le respect de la loi. Il nomme à un certain nombre d'emplois. Il déclare exécutoire la matrice des rôles des contributions directes. Il ordonne toutes les mesures qui intéressent la sûreté de la circulation.

6. Le préfet est assisté d'un *secrétaire général* nommé par le gouvernement. Le secrétaire général signe toutes les expéditions des actes administratifs. Il remplace le préfet en cas d'absence ou de maladie. Il remplit par délégation certaines des attributions du

préfet et exerce les fonctions de ministère public devant le conseil de préfecture.

QUESTIONNAIRE. — 1. Avant 1789, comment la France était-elle divisée ? —
2. Quels sont les avantages de la division en départements ? — 3. Qu'est-ce que le
département ? — 4. Qu'est-ce que le préfet et quelles sont ses attributions comme
administrateur du département ?... comme tuteur des communes ? — 5... comme
représentant du gouvernement ? — 6. Qu'est-ce que le secrétaire général et quelles
sont ses attributions ?

RÉSUMÉ. — *Avant 1789, la France était divisée en provinces. L'assemblée
constituante les supprima et les remplaça par les départements actuels.*

*Le département est une fraction du territoire français administrée par un
préfet assisté d'un conseil général.*

*Le préfet est à la fois l'administrateur du département dont il soutient et
défend les intérêts et le représentant du gouvernement dont il fait exécuter
les décisions. Il peut être remplacé par le secrétaire général.*

76ᵉ LEÇON

Le département (suite). Le conseil de préfecture. Le conseil général. La commission départementale. Le budget départemental.

1. Le *conseil de préfecture* assiste le préfet dans l'administration
du département. C'est un conseil permanent composé de trois ou
quatre membres, selon la population, nommé par le gouvernement.
L'un d'eux est désigné pour remplir les fonctions de vice-président,
le préfet étant président de droit.

2. Le conseil de préfecture est à la fois un *comité consultatif* et
un *tribunal administratif*. Il donne son avis sur les affaires départementales qui lui sont soumises, notamment sur la comptabilité des
communes, des hospices, des bureaux de bienfaisance. Il accorde ou
refuse l'autorisation de plaider aux communes ou aux établissements publics placés sous la tutelle de l'administration. Il statue
sur les demandes de réduction d'impôts et sur les contestations
qui peuvent s'élever entre l'administration et les entrepreneurs
des travaux publics. Il juge les protestations relatives aux élections
municipales et aux élections au conseil d'arrondissement.

3. Le *conseil général* est une assemblée élue pour six ans par le
suffrage universel à raison d'un conseiller par canton. Les membres sont renouvelables par moitié tous les trois ans. Les conseil-

lers sortants sont toujours rééligibles. Leurs fonctions sont gratuites. Pour être éligible, il faut être domicilié ou inscrit au rôle d'une des contributions directes dans le département et ne remplir aucune fonction rétribuée sur les fonds départementaux.

4. Le conseil général se réunit deux fois par an en *sessions ordinaires*, le second lundi qui suit le jour de Pâques et le premier lundi qui suit le 15 août. La session du mois d'août est en grande partie consacrée au vote du budget et à l'examen des comptes départementaux. Il peut y avoir des sessions extraordinaires. Les séances sont publiques. Le conseil général nomme son bureau, un président, un ou plusieurs vice-présidents et des secrétaires.

5. Le conseil général vote le budget départemental préparé par le préfet. Il statue sur toutes les affaires qui intéressent le département : acquisition et vente d'immeubles départementaux, travaux d'utilité publique, emprunt, vote d'impôts extraordinaires. Il répartit entre les arrondissements la part totale de contributions directes affectées au département, il contrôle l'administration du préfet. Il peut créer des établissements de bienfaisance : hospices, asiles de vieillards, asiles d'aliénés, etc.

Le conseil général a des attributions politiques importantes : 1° les conseillers généraux sont de droit électeurs sénatoriaux; 2° dans le cas où les Chambres, par suite de désordres ou de violences, ne pourraient se réunir, la loi ordonne aux conseillers généraux de désigner deux de leurs membres pour former une assemblée chargée de l'administration générale du pays et du maintien de la Constitution.

6. Chaque année, le conseil général élit une commission permanente nommée Commission départementale, composée de quatre à sept membres pour représenter le conseil général dans l'intervalle des sessions. Elle se réunit une fois par mois. Elle a dans ses attributions une partie des pouvoirs confiés autrefois au préfet : classement des chemins, répartition des subventions portées au budget départemental, etc.

7. Le budget départemental est le tableau des recettes et des dépenses annuelles du département. Les principales recettes proviennent des centimes additionnels départementaux, des allocations de l'État, etc. Les principales dépenses s'appliquent à l'entretien des bâtiments départementaux, des routes, au service des emprunts, au traitement des fonctionnaires départementaux, etc.

QUESTIONNAIRE. — 1. Qu'est-ce que le conseil de préfecture ? — 2. Quelles sont ses attributions ? — 3. Qu'est-ce que le conseil général? — 4. Quand se réunit-il ? —

5. Quelles sont les attributions du conseil général ? — 6. Qu'est-ce que la commission départementale ? — 7. Qu'est-ce que le budget départemental ?

RÉSUMÉ. — *Le conseil de préfecture assiste le préfet dans l'administration du département. Il est à la fois un comité consultatif et un tribunal administratif. Le conseil général est une assemblée élue pour six ans par le suffrage universel à raison d'un membre par canton. Il se réunit deux fois par an en sessions ordinaires. Il vote le budget départemental et statue sur toutes les affaires qui intéressent le département.*

La commission départementale représente le conseil général dans l'intervalle des sessions. Le budget départemental est le tableau annuel des recettes et des dépenses du département.

77ᵉ LEÇON

REVISION

71ᵉ, 72ᵉ, 73ᵉ, 74ᵉ, 75ᵉ et 76ᵉ leçons.

1. La commune. Le conseil municipal, ses attributions. — 2. Le maire, ses attributions. Le budget communal. — 3. L'état civil. — 4. Le canton. L'arrondissement. — 5. Le département. Le préfet. — 6. Le conseil de préfecture. Le conseil général. La commission départementale. Le budget départemental.

LECTURE A COMMENTER

LES OPÉRATIONS D'UNE ÉLECTION MUNICIPALE

Les électeurs municipaux sont convoqués dans chaque commune par le préfet; la convocation doit être publiée quinze jours avant l'élection qui se doit toujours produire un dimanche. Le même arrêté de convocation indique les locaux où devront avoir lieu les scrutins, ainsi que les heures d'ouverture et de fermeture du vote. Généralement, c'est dans la mairie ou dans une salle d'école que les scrutins sont ouverts. Des cartes électorales sont distribuées à tous les électeurs aux frais de la commune. La remise des cartes à domicile n'est pas obligatoire. Chaque bureau de vote est présidé par le maire, ou, à son défaut, par un adjoint, suivant l'ordre rigoureux du tableau. Le président forme le bureau en prenant pour assesseurs les deux plus âgés et les deux plus jeunes électeurs présents, à condition qu'ils sachent lire et écrire. Les assesseurs et le président désignent un secrétaire. La composition du bureau ne peut ensuite être modifiée. Au cas où les membres ainsi nommés abandonneraient leurs fonctions, ils seraient remplacés suivant la même procédure.

Chaque électeur remet sa carte au président du bureau. Le président lit le nom porté sur la carte, la passe au scrutateur, qui vérifie la conformité de la carte avec la liste électorale. L'électeur remet ensuite au président son bulletin de vote fermé. Un scrutateur constate alors qu'il a voté en apposant en marge de la liste électorale, et en face du nom de l'électeur, sa signature ou paraphe avec initiales...

Au commencement du vote, le président doit constater l'heure réelle à laquelle est ouvert le scrutin, qui ne doit être fermé qu'après six heures au moins ; l'heure de clôture est également constatée.

Le scrutin clos, on procède au dépouillement du vote. L'urne est ouverte et le nombre des bulletins aussitôt vérifié. Le bureau désigne des scrutateurs parmi les électeurs présents. Ces scrutateurs prennent place à des tables disposées de manière que les électeurs puissent circuler facilement autour et vérifier la sincérité du dépouillement.

Chaque bulletin est lu à haute voix et en entier par les scrutateurs. Cette opération terminée, le président proclame le résultat; on brûle alors devant les électeurs les bulletins qui n'ont soulevé aucune réclamation et on annexe les autres au procès-verbal de l'élection, qui est dressé par le secrétaire et est aussitôt envoyé au sous-préfet qui le transmet au préfet. Un extrait est immédiatement affiché par les soins du maire.

(Grande Encyclopédie du dix-neuvième siècle.)

Administration de Paris : le Conseil municipal de Paris ; le Conseil général de la Seine.

Paris est divisé en 20 arrondissements comportant chacun 4 quartiers. Le Gouvernement nomme, dans chaque arrondissement, un maire et plusieurs adjoints chargés des fonctions d'officier de l'État civil. Ils s'occupent, en outre, du bureau de bienfaisance, des écoles et d'autres services administratifs.

Le Conseil municipal se compose de 80 membres élus au scrutin uninominal, à raison de un conseiller par quartier. Ils sont nommés, comme leurs collègues des autres communes, pour une durée de quatre années. Leur élection les fait de droit membres du Conseil général du département de la Seine.

En raison de l'importance de leurs fonctions, ils touchent une indemnité de 9.000 francs.

Le pouvoir exécutif communal est exercé à Paris par deux fonctionnaires nommés par le Gouvernement et responsables seulement devant lui :

Le Préfet de la Seine et le Préfet de police.

Le préfet de la Seine dirige l'administration du département et celle de la ville. Il a, comme chef de l'Administration départementale, les mêmes attributions que les préfets des autres départements, à l'exception de la police. Ses bureaux sont très importants, ses principaux services sont ceux de l'Enseignement, de l'Approvisionnement, de l'Assistance publique, de la Voirie, des Finances, de l'Architecture.

Le Préfet de police est chargé d'assurer l'ordre public ; il dirige le service des prisons, de la salubrité, des voitures publiques, de la surveillance des marchés, etc.

Le Bureau du Conseil municipal est renouvelé chaque année au scrutin dès la première séance. Il se compose, dit la Loi, d'un président, de deux vice-présidents, de quatre secrétaires et d'un syndic.

Le président et les vice-présidents se partagent la direction des séances.

Le président et le syndic ont un cabinet à l'Hôtel de Ville.

Le syndic règle toutes les dépenses du Conseil; il présente au Conseil le budget spécial des dépenses de l'Assemblée et a la lourde charge d'assurer le fonctionnement de cette Assemblée.

Le Conseil municipal se réunit ordinairement en séance publique les lundi, mercredi et vendredi de chaque semaine, de trois heures à sept heures. Il siège également tout entier en Comité secret pour l'examen du budget municipal et des affaires importantes.

En dehors de ces séances plénières, le Conseil municipal se divise, par élections faites dans ses bureaux, en six grandes Commissions permanentes correspondant à chacun des grands services municipaux et répartis ainsi :·

1re Commission. — Finances (Un certain nombre de répartiteurs touchent un traitement annuel). Concessions et monopoles. Contentieux.

2e Commission. — Administration générale. Mairies. Halles. Police.

3e Commission. — Travaux de Voirie. Voie publique. Promenades. Éclairage.

4e Commission. — Enseignement. Beaux-Arts.

5e Commission. — Assistance publique. Mont-de-Piété.

6e Commission. — Eaux. Égouts. Assainissement des habitations.

Chaque Commission permanente a un secrétaire administratif.

Le Conseil général du département de la Seine est formé des 80 conseillers municipaux de Paris et des 22 conseillers généraux élus par chacun des 22 cantons des arrondissements de Saint-Denis et de Sceaux, à raison de un conseiller par canton.

La durée du mandat des conseillers généraux est de 4 ans seulement.

Les attributions du Conseil général de la Seine ne diffèrent pas de celles des Conseils généraux des autres départements.

TABLE DES MATIÈRES

CHAPITRE PREMIER

Notions préliminaires.

CHAPITRE II

Déclarations des Droits de l'homme et du citoyen.

CHAPITRE III

Devoirs des citoyens entre eux et envers l'État.

CHAPITRE IV

Régime politique de la France.

CHAPITRE V

Les Pouvoirs de l'État. — Les ministères.

CHAPITRE VI

Organisation des services publics.

CHAPITRE VII

Administration.